Häuser aus gewaltigen Steinen:
Trilith-Tor von Ta'Hagrat

Gozo

12 Highlights

Extra-Touren

Stadtpläne

20 Reisetipps

Malta im Internet

Surftipps

Die meisten maltesischen Seiten sind in englischer Sprache verfasst, manche verfügen über eine deutsche Sprachversion. Bei der Suche nach Orten ist es sinnvoll, den englischen Namen einzugeben und nicht die offiziell wieder eingeführten maltesischen Ortsnamen.
Landeskennung: .mt

Hotelbuchungen

Neben den bekannten Last-Minute-Webseiten existieren eine Vielzahl von Buchungsseiten, die aber nur eine Auswahl an Unterkünften – meist aus dem höherpreisigen Segment – aufführen. Einfache Guesthouses bucht man am besten telefonisch oder vor Ort. Zu beachten ist, dass Ferienapartments vor Ort oft günstiger angeboten werden als im Internet. Wer flexibel ist, findet auch in den Sommermonaten auf Malta und Gozo eine Ferienwohnung, da selbst zur Hauptreisezeit das Angebot die Nachfrage übersteigt. Hotelbuchungen unter www.hotelinfomalta.com

Web-Seiten in Deutsch

www.urlaubmalta.de
Sehr nützliche deutsche Website des maltesischen Fremdenverkehrsbüros mit vielen nützlichen Informationen. Hinsichtlich der Unterkünfte nicht ganz aktuell. Sehr hilfreich für Besucher, die Malta und Gozo mit öffentlichen Verkehrsmitteln erobern wollen, ist die Seite mit den Busverbindungen und Fahrplänen beider Inseln. Darüber hinaus unterrichtet die Web-Seite über Aktivitäten, Anreise, Sehenswürdigkeiten, Sprach- sowie Tauchschulen.

www.malta-direkt.de
Die einzige kommerzielle Seite, die in deutscher Sprache verfasst ist. Neben Hintergrundinformationen über Land und Leute findet man brauchbare Links über Dorffestas, Festivals, Kinoprogramme und Fährverbindungen.

www.taucher.net
Deutschsprachiges Forum für Taucher; Links führen zu Tauchschulen auf Malta. In englischer Sprache sind die Informationen zum Tauchrevier Malta verfasst.

Web-Seiten in Englisch

www.visitmalta.com
Englische Variante von www.urlaubmalta.de

www.searchmalta.com
Bietet englischsprachige Informationen für Touristen zum Thema Anreise und Autovermietung. Auch das Online-Buchen von Hotels ist möglich (u.a. in deutscher Sprache). Ein Blick hinter die Kulissen des Reiseziels bieten die Links über aktuelle Ereignisse auf dem maltesischen Archipel.

www.gozo.com
Englischsprachige Site, deren Informationen sich auf Maltas Schwesterinsel Gozo konzentriert. Hier erfährt man Wissenswertes über Strände, Tauchen, Nachtleben, Transport. Links verweisen zu Selbstdarstellungen von Hotels und zu Tauchschulen.

www.timesofmalta.com
www.independent.com.mt
Für alle Reisenden, die sich über die Politik und Gesellschaft Maltas in den beiden englischsprachigen maltesischen Zeitungen informieren wollen.

www.airmalta.com
Englischsprachige Site der maltesischen Fluggesellschaft Air Malta.

Und das Wetter ...
www.wetter.net/n87.html

Mer

Ein Inselreich im Mittelmeer, für den perfekten Urlaub wie geschaffen: Von der Sonne Nordafrikas verwöhnt, haben Malta, seine ›kleine Schwester‹ Gozo und das Felseninselchen Comino für jeden Geschmack etwas zu bieten: Kulturfans werden von Megalithtempeln und den prächtigen Bauten des Johanniterordens in den Bann gezogen, Aktiv-Urlauber erwartet ein umfassendes Sportangebot,

nba

und gestresste Schüler können aufatmen: Englisch lernen wird in einer der vielen Sprachschulen zum Ferienvergnügen. Aber man kann auch ›nur so‹ nach Malta kommen, um zu entspannen: an glasklarem Wasser, in idyllischen Straßencafés, auf Felsenklippen oder zwischen Feldern und Wiesen, die sich im Frühjahr in ein riesiges Blütenmeer verwandeln …

Willkommen!

Mehr als nur Fels und Wasser: die Blaue Lagune vor Comino

Malta – »Festung des Mittelmeers«

Klein, aber oho!

Die erste Bekanntschaft mit dem maltesischen Archipel vollzieht sich meist aus der Vogelperspektive: ein verheißungsvoller Blick aus dem Flugzeug hinunter auf drei Inseln im tiefblauen Mittelmeer. Dann ein letzter weiter Bogen über der Bucht von Marsaxlokk, und schon setzen die Räder auf der Landebahn bei Luqa auf.

So bequem hatten es Neuankömmlinge früher durchaus nicht. Manch einer musste mit schwankenden Holzplanken unter den Füßen vorlieb nehmen, bevor er maltesischen Boden betrat. Allen voran die ersten Siedler, die vor etwa 9000 Jahren auf die Inseln kamen. Von dieser Zeit an ging es beinahe ›Schlag auf Schlag‹. Römer und Phöniker, Araber und Normannen, Ordensritter, Franzosen und Engländer – auf Malta gaben sich die Eroberer die Klinke in die Hand. Für zahllose europäische und osmanische Herrscher war die kleine Inselgruppe im Mittelmeer über Jahrhunderte hinweg ein Objekt der Begierde. Heute erfreut sich Malta zum Glück auch ganz ohne strategische Überlegungen großer Beliebtheit. Und das aus gutem Grund.

Mit einer Gesamtfläche von 316 km^2 nicht einmal halb so groß wie Berlin, wartet der Archipel mit einer Vielzahl von beeindruckenden Sehenswürdigkeiten aus den verschiedensten Epochen auf, allen voran die einzigartigen megalithischen Tempelanlagen auf Malta und Gozo, die noch älter sind als die ägyptischen Pyramiden. Noch heute belegen sie auf unvergleichliche Weise, wie hoch entwickelt die Kultur jener geheimnisvollen frühen Bewohner war. Wird man jemals völlig entschlüsseln, wie es diesen Menschen gelang, riesige Steine mit einem Gewicht von mehr als 50 Tonnen über weite Strecken zu transportieren?

Kaum weniger faszinierend ist das Erbe des stolzen Johanniterordens, der fast 270 Jahre lang die Insel beherrschte und sie zum ›Schild Europas‹ gegen die Osmanen machte. Mit schier übermenschlichen Anstrengungen verwandelten die Ritter Valletta in die am besten befestigte Hauptstadt Europas, nachdem sie eine achtmonatige Belagerung durch die weit überlegenen osmanischen Truppen heldenhaft überstanden hatten. Die barocke Johannes-Kathedrale, der Großmeisterpalast mit seinen prachtvollen Wandgemälden und das entzückende Manoel-Theater erzählen die Geschichte dieses mächtigen und unsagbar reichen Ordens. Nicht minder spannend ist die Sacra In-

Maltesische Männer beim Boccia-Spiel

fermeria, das ehemalige Krankenhaus des Ritterordens, in dem auf vorbildliche Weise Kranke gepflegt wurden.

Überhaupt scheint in Valletta die Zeit stehen geblieben zu sein, jedenfalls abseits der lebhaften Republic Street. Gemütlich schlendert man durch schmale Straßen, vorbei an alten Hausfassaden, an denen die typisch maltesischen Balkone wie Schwalbennester kleben. Sie zeugen vom orientalischen Einfluss, dem Malta lange ausgesetzt war. Noch heute lieben es die Malteser, sich von Balkon zu Balkon zu unterhalten. In reizvollen Cafés kann man die Seele baumeln lassen und das südländische Treiben auf den Straßen beobachten.

Ein Inselreich voller Facetten

Quirlig geht es in den Touristenzentren entlang der Nordküste der Hauptinsel zu. Das breit gefächerte Hotelangebot von der einfachen Pension bis zum internationalen Luxushotel wird den unterschiedlichsten Ansprüchen gerecht. Restaurants, Cafés, Bars, Discos, Kinos, Casinos und Shoppingmeilen mit abwechslungsreichem Angebot sorgen dafür, dass Langeweile ein Fremdwort bleibt. Wer hin und wieder die Stille sucht, steht aber auch in den Ferienorten im Inselnorden nicht völlig auf verlorenem Posten. Nur wenige Meter hinter der lebhaften Uferpromenade taucht man oft in eine andere Welt ein. Hier, in den kleinen Seitenstraßen zwischen Tante-Emma-Laden und Stammlokal, spielt sich der Alltag der Malteser ab.

Dass Malta mit über 1200 Einwohnern pro Quadratkilometer das am dichtesten besiedelte Land Europas ist, wird rund um die beiden Häfen Marsamxett und Grand Harbour besonders deutlich. Ein sprichwörtliches Häusermeer breitet sich vor dem Auge des Betrachters aus. Der dominierende Farbton ist Ockergelb, denn Globigerinenkalk, den man überall auf den Inseln in riesigen Steinbrüchen abbaut, ist Maltas wichtigstes Baumaterial – vor Jahrtausenden für Megalithtempel, heutzutage für Apartmentblocks.

Kaum aber hat der Urlauber die Ballungszentren hinter sich gelassen, umfängt ihn das ländliche Malta mit seinen beschaulichen Dörfern. Schon deren Architektur vermittelt Maltas geographische Lage zwischen Europa und Nordafrika – aus einem Meer kubischer, flach gedeckter Häuser ragt die barocke Dorfkirche mit der typischen Doppelturmfassade. Von niedrigen Steinmäuerchen sind die Felder umgrenzt. Landwirtschaft ist auf Malta immer ein Kampf gegen ausgesprochen ungünstige Voraussetzungen, denn Wasser ist hier ein rares Gut; mit starkem Wind ist die Insel dagegen reichlich gesegnet. Was der Mitteleuropäer bei sommerlichen Temperaturen von nicht selten weit über 30 °C als wahre Wohltat empfindet, laugt die ohnehin kargen Böden zusätzlich aus. Sehnlichst erwarten die Bauern die Regenfälle, die meist in den Monaten Januar und Februar auf die Insel niederprasseln. Diesen heftigen Güssen ist es zu verdanken, dass sich das Eiland im Frühjahr in ein üppiges Blütenkleid hüllt; sie haben aber auch die fruchtbare rote Erde Maltas, die Terra rossa, von dem Felsuntergrund abgespült. Karg und spröde gibt sich Malta dann ab Mitte Mai, wenn die Quecksilbersäule langsam zu steigen beginnt. Aber auch in den heißen Sommern und warmen Herbsten entdeckt man überraschend oft Pflänzchen, die zwischen den Felsen blühen und sich auf beeindruckende Weise mit den rauen Bedingungen arrangiert haben. Das ist auch die Zeit, wenn die süßen Früchte der überall gedeihenden Feigenbäume geerntet werden. Und auch die Opuntienkakteen, die so manchen Wegesrand säumen, beschenken die Malteser mit saftigen Früchten.

Die für den Mittelmeerraum typische Garrigue-Vegetation trifft man das ganze Jahr über an: ein kniehoher Pflanzenteppich aus wunderbar duftendem Thymian, aus wildem Fenchel, Disteln, Liliengewächsen, Kapernsträuchern und Wolfsmilchgewächsen.

Ein wahres Kleinod in Sachen Natur sind die im Süden Maltas gelegenen Buskett Gardens, ein kleines Wäldchen in einem geschützten Taleinschnitt, wo man im Schatten von Zitrusbäumen, Steineichen, Mispel- und Olivenbäumen, Araukarien, Eukalyptus- und Maulbeerbäumen spazieren gehen kann – ein ganz besonderer Ort auf einer sonst fast baumlosen Insel.

Sportliche Aktivitäten werden groß geschrieben auf Malta und seinen Schwesterinseln. Wie es sich für ordentliche Inseln gehört, nimmt der Wassersport den ersten Rang ein. Strände allerdings sucht man fast überall vergeblich. Dem Badevergnügen im glasklaren Wasser des Mittelmeers tut dies jedoch keinen Abbruch – an vielen Orten führen Treppen und Leitern geradewegs ins kühle Nass.

Unter Tauchern gilt der maltesische Archipel als einer der besten Tauchspots im Mittelmeerraum. Zu verdanken haben dies die Inseln ihrem glasklarem Wasser mit einer farbenprächigen Meeresfauna. Nicht minder faszinierend sind die Steilküsten mit ihren vielen Unterwasserhöhlen, die es zu erforschen gilt. Und auch die Freunde des Wracktauchens finden auf Maltas Meeresgrund ein reiches Betätigungsfeld. Ein dicht gewobenes Netz an zuverlässigen Tauchschulen sorgt dafür, dass nicht nur Könner, sondern auch Anfänger ganz auf ihre Kosten kommen.

Aber natürlich kommen auch Segler und Windsurfer auf Malta nicht zu kurz. Wer es vorzieht, trockenen Fußes aktiv zu sein, kann die Inseln wandernd erobern. Ein wenig Abenteuerlust und Improvisationstalent sind allerdings vonnöten. Auch wenn es jetzt bereits die ersten ausgeschilderten Wanderwege gibt, sind sie die Ausnahme und nicht die Regel.

Die kleine Schwester Gozo

Ein Abstecher nach Gozo darf bei keinem Malta-Aufenthalt fehlen. Eine nur 6 km breite Wasserstraße trennt die Hauptinsel von der ›kleinen Schwester‹ – und doch liegen Welten zwischen beiden Inseln. Ein Hauptunterschied mit weit reichenden Folgen ist die unterschiedliche geologische Schichtung.

Wasser speichernde Tonschichten liegen beinah überall auf der Insel direkt unter der Erdoberfläche. Kein Wunder also, dass Landwirtschaft noch viel intensiver betrieben werden kann und die Insel einen viel ländlicheren Charakter besitzt.

Mehr noch als auf Malta pflegt man auf Gozo tief verwurzelte Traditionen. Dies zeigt sich auch in der Sprache: Maltesisch hat auf Gozo eine sehr viel größere Bedeutung als Englisch. Der Tourismus beschränkt sich weitgehend auf die Küstendörfer Xlendi und Marsalforn und bleibt auch hier in einem relativ überschaubaren Rahmen. Anders als in den Touristenzentren der Hauptinsel sucht man Jubel, Trubel, Heiterkeit auf Gozo weitgehend vergeblich. Die Beschaulichkeit und die Ruhe sind es, die das Eiland so liebenswert machen.

Bei allen Unterschieden, eines haben Gozitaner und Malteser gemeinsam: Hier wie dort wird leidenschaftlich gerne gefeiert. Zahlreiche *festas,* für die man sich mächtig ins Zeug legt, bestimmen den Kalender während der Sommermonate. Stets gipfeln sie in aufwendigen Umzügen, lauten Böllern und einem langen Feuerwerk. Ehrensache, dass jedes Dorf, jede Kirchengemeinde mit dem schönsten Fest auftrumpfen möchte. Die überaus herzliche Gastfreundschaft der Insulaner kommt besonders bei solch ausgelassenen Festen zum Ausdruck. Ganz selbstverständlich nehmen sie den Inselbesucher dann in ihre Mitte auf – ein Highlight einer jeden Maltareise.

Malta in Zahlen

Fläche: Mit insgesamt 315,6 km² ist Malta der neuntkleinste Staat der Welt. Die Insel Malta umfasst 246 km² (Küstenlänge 137 km), Gozo 67 km² (Küstenlänge 43 km), Comino 2,7 km².

Einwohner: ca. 392 000 (Schätzung 2000). Die Bevölkerungsdichte entspricht mit 1242 Einwohnern/km² der einer europäischen Großstadt. Damit ist Malta eines der dichtestbevölkerten Länder der Welt.

Hauptstadt: Valletta, ca. 7100 Einwohner; 1566 vom Großmeister der Johanniter Jean Parisot de la Valette gegründet.

Religion: Über 98 % der Bevölkerung sind römisch-katholisch, die meisten relativ strenggläubig. Daneben gibt es eine kleine anglikanische Minderheit und einige wenige Muslime, meist Staatsbürger nordafrikanischer Länder.

Wirtschaft: Mit Dienstleistungen werden 72 % des Bruttosozialproduktes erwirtschaft, davon stellt der Tourismus mit 35 % den größten Anteil. Landwirtschaft macht nur noch 3 %, die Industrie, vor allem Fertigung für europäische Firmen, 25 % des BSP aus. Ausfuhrgüter sind u. a. Textilien, Autoteile und Elektronik. Landwirtschaftliche Produkte: Weizen, Gerste, Kartoffeln, Obst, Gemüse.

Geschichte

In-Guardia-Parade mit Kostümen aus der Johanniterzeit

4100 v. Chr. Auf Malta und Gozo entstehen megalithische Tempelbauten und unterirdische Grabanlagen. Um 2500 v. Chr. findet diese Kultur ihr Ende, 500 Jahre lang bleibt die Insel wahrscheinlich unbewohnt.

2000 v. Chr. Bronzezeitliche Siedler aus Süditalien bevölkern den maltesischen Archipel.

1000–218 v. Chr. Phöniker und Punier nutzen Malta als Stützpunkt auf ihren Handelsfahrten durch das Mittelmeer. Tempel entstehen, die der Kriegs- und Fruchtbarkeitsgöttin Astarte geweiht sind.

218 v. Chr. Beginn der Römerzeit. Malta bleibt ein wichtiger Handelsplatz. Auf der Insel werden Ölbäume und Getreide angebaut.

59 n. Chr. Der Apostel Paulus soll auf der Insel Malta gestrandet sein und die Bevölkerung christianisiert haben.

870 n. Chr. Araber erobern Malta. Ein Großteil der Bevölkerung konvertiert zum muslimischen Glauben.

11.–14. Jh. Im Mittelalter fällt der Archipel verschiedenen europäischen Herrscherhäusern zu. Der Normannenkönig Roger I. verhilft dem Christentum wieder zur Vorherrschaft. Auch die Staufer, das Haus von Anjou und das Haus von Aragonien regieren – meist durch Lehnsherren vertreten – Malta.

15. Jh. Malta gewinnt als Bollwerk gegen die wachsende osmanische Bedrohung im östlichen Mittelmeer an Bedeutung.

1530 Der Johanniterorden erhält Malta von Kaiser Karl V. als ›Ewiges Lehen‹. Ab ca. 1535 überfallen Piraten mehrfach die Inseln, besonders Gozo. Unzählige Malteser werden in die Sklaverei verschleppt.

1565–1571	Zwischen Mai und September 1565 versucht eine Flotte der türkischen Osmanen, Malta zu erobern. Die ›Große Belagerung‹ (Great Siege) übersteht der Johanniterorden jedoch siegreich.
16. und 17. Jh.	Der Johanniterorden erlebt seine Blütezeit auf Malta. Eine große Pestepidemie (1676) und ein schweres Erdbeben (1693) suchen die Inseln heim.
18. Jh.	Napoleon beendet 1798 die Herrschaft des Ritterordens auf Malta, die Franzosen werden jedoch schon 1800 von den Briten vertrieben.
19. Jh.	Der Archipel wird als Kronkolonie dem britischen Kolonialreich einverleibt und Sitz des Hauptquartiers der englischen Mittelmeerflotte.
1921	Wahl des ersten Parlaments von Malta und Gründung der ersten politischen Parteien.
Zweiter Weltkrieg	Malta erleidet schwere Zerstörungen durch deutsche und italienische Fliegerangriffe.
1964	Am 21. September erklärt Malta seine Unabhängigkeit. Das Land bleibt im Commonwealth mit Königin Elizabeth II. als Staatsoberhaupt, die von einem Gouverneur auf der Insel vertreten wird.
1971	Die sozialistische Malta Labour Party unter Dominic Mintoff übernimmt die Regierung.
1974	Malta wird zur Republik erklärt. An die Stelle des britischen Gouverneurs tritt der Staatspräsident.
1987	Die konservative National Party unter Führung von Edward Fenech Adami kommt an die Macht.
1998	Bei vorgezogenen Neuwahlen erlangt die konservative Partei wieder die Macht. Edward Fenech Adami übernimmt erneut das Amt des Premierministers.
2003	Im Rahmen eines Referendums bekundet eine knappe Mehrheit der maltesischen Bevölkerung ihre Zustimmung zum EU-Beitritt Maltas.
2004	Malta wird Mitglied der Europäischen Union.

Der Priester wird's schon regeln

Gut zu wissen

Aufreißer

Als Frau allein auf Malta? Im Großen und Ganzen kein Problem, wenn man die selben Vorsichtsmaßnahmen wie zu Hause auch beachtet. Allzu freizügige Kleidung wird oft als Aufforderung interpretiert. Ein wenig anstrengend können die maltesischen ›Aufreißer‹ sein, die allein reisende Frauen vor allem in den Touristenzentren mit sehr viel Aufmerksamkeit bedenken. Mit einem bestimmt vorgetragenen »Leave me alone« (›Lass mich in Ruhe‹) ist die Situation meist schnell geklärt. Die Dorfkneipen in ländlichen Gebieten sind traditionelle Männer-Domänen, wo man am liebsten unter sich bleibt.

Elektrizität

Die Netzspannung auf Malta beträgt 240 Volt Wechselstrom. Inzwischen haben viele der höherpreisigen Hotels Steckdosen installiert, in die mitteleuropäische Schuko-Stecker passen. Hundertprozentig darauf verlassen kann man sich aber nicht. Adapter werden oft an der Rezeption der Hotels ausgeliehen. Besser noch: zu Hause einen dreipoligen Adapter kaufen (wie für Großbritannien).

Ermäßigungen

Ausländische Jugendliche unter 18 Jahren und Senioren über 65 bekommen seit dem 1. August 2003 keine Ermäßigung mehr. 50% Ermäßigung in allen staatlichen Museen und Sehenswürdigkeiten erhalten nur noch Studenten in Besitz eines internationalen Studentenausweises (ISIC-Card) oder Besitzer einer Euro<26-Karte.

Handy

Wer mit seinem heimischen Handy (engl. *mobile phone)* einen anderen Handybesitzer erreichen will, muss stets auch dessen jeweilige Ländervorwahl (s. S. 36) mitwählen. Wenn man sich viel von zu Hause anrufen lassen möchte, lohnt sich der Kauf einer Prepaid-Karte, z. B. der beiden maltesischen Netzbetreiber Vodafone Malta oder Go-Mobile. Man bekommt eine maltesische Nummer zugeteilt und muss bei eingehenden Anrufen dann nicht mehr, wie andernfalls üblich, selber für die Kosten der Auslandsverbindung nach Malta aufkommen.

Internet-Cafés

Auch auf Malta schießen zur Zeit die Internet-Cafés wie Pilze aus dem Boden. Vor allem die Touristenhochburgen Sliema, San Giljan (St. Julians) und Bugibba/Qawra sind bestens ausgestattet. In der Regel muss man 1,50 Lm für eine Stunde Internet-Nutzung zahlen. Auch in den Hotels wird vermehrt Internet-Zugang geboten – mitunter allerdings zu recht gesalzenen Preisen. Kostenloses Surfen im Netz bieten die Bibliotheken in Valletta und Rabat (Victoria) auf Gozo.

Kirchenbesuch

Der katholische Glaube und die mit ihm verbundenen Moralvorstellungen spielen für die Malteser eine große Rolle. Dezente Kleidung ist deshalb besonders in den ländlichen Gebieten angesagt. Badekleidung und Discodress werden abseits der Strände, Promenaden und Nachtclubs als Missachtung der Landessitten verstanden. In knappen Shorts, Minirock und Trägerhemdchen wird einem der Zutritt zu Kirchen verwehrt. Eingehüllt in ein mitgebrachtes Tuch kann man Unannehmlichkeiten vorbeugen. In größeren Kirchen werden solche Tücher am Eingang bereitgehalten. In der viel besuchten St. Johannes Co-Kathedrale sind die Kleidervorschriften nicht ganz so strikt, doch auch hier sollten Besucher nicht vergessen, dass sie in einer Kirche sind. Bei Gottesdiensten sollte man selbstverständlich auf eine Besichtigung und Fotografieren verzichten.

Klima & Reisezeit

Malta hat ein mediterranes Klima mit milden Wintern und heißen, trockenen Sommern. Im Winter fallen die Temperaturen selten unter 10 °C, doch kann es zu kurzen, aber heftigen Regenfällen kommen. Zwischen Juli und September klettert das Thermometer mitunter auf 40 °C und darüber. Oft macht aber eine frische Meeresbrise die Hitze erträglich. Die beste Reisezeit sind Frühling und Herbst. Im April und im Mai blüht es überall auf den Inseln, die Temperaturen liegen um die 20 °C – beste Bedingungen für alle, die Malta zu Fuß oder per Rad erkunden möchten. Im Herbst ist Malta karg und sonnenverbrannt, doch ist das Meerwasser jetzt bis weit in den Oktober hinein warm genug zum Baden. Ab Mitte September setzen freilich auch die ersten Regenfälle ein.

Mentalität

Geprägt durch eine jahrhundertelange Fremdherrschaft, reagieren die meisten Malteser sehr ungehalten auf Kritik an ihrem Land. Wenig beliebt macht man sich durch Ungeduld – wie in südlichen Ländern üblich, herrschen auch auf Malta andere Zeitvorstellungen. Ebenso ist das Lärmempfinden der Malteser ein völlig anderes: Laute Musik, lautes Sprechen und Autogeräusche stören die Einheimischen wenig. Als Gast auf Malta fährt man mit etwas Gelassenheit und Toleranz am besten.

Oben ohne

›Oben ohne‹ oder gar ›FKK‹ sind auf Malta nicht gestattet und können poli-

Kinnie

Das maltesische Nationalgetränk schlechthin heißt *kinnie* – und es ist eine wirklich empfehlenswerte Alternative zu den amerikanischen Softdrinks. Die bräunliche, alkoholfreie Limonade mit herb-süßem Geschmack wird aus den rund um Attard angebauten Bitterorangen und Extrakten aus Wermutkräutern hergestellt. Kinnie ist bei Kindern beliebt, wird aber auch gerne als Grundlage für alkoholische Mixgetränke verwendet. Wer jetzt neugierig geworden ist, schaut unter www.kinnie.de ins Internet.

zeilich verfolgt werden. An abgelegenen Stränden wird beides jedoch von Besuchern manchmal praktiziert – über unerwünschte Zuschauer darf man sich dann freilich nicht beschweren.

Preisniveau

Malta ist kein Billigreiseland. In den Touristenzentren herrscht ein ähnliches Preisniveau wie in Mitteleuropa. Handeln oder Feilschen ist auf Malta im Prinzip nicht üblich, außer auf den touristischen Märkten in Marsaxlokk oder Rabat/Gozo.

Im Restaurant bekommt man Fischgerichte ab ca. 4 Lm, eine Pizza für knapp 3 Lm. Die Flasche Bier (0,33 l) kostet in der Regel 50 Cent. Eine Übernachtung pro Person kostet in einem Guesthouse (Pension) ab 5 Lm inkl. Frühstück, in einem Drei-Sterne-Hotel 14–20 Lm. Außerhalb der Hauptsaison zwischen Oktober und Juni gewähren Hoteliers und Autovermieter in der Regel deutliche Preisnachlässe (zwischen 25% und 35%).

Rauchen

In den maltesischen Restaurants sind Raucher/Nichtraucherzonen in der Regel unbekannt. In den öffentlichen Verkehrsmitteln darf jedoch grundsätzlich nicht geraucht werden.

RTO

Überall im ländlichen Malta findet man die drei Buchstaben ›RTO‹ auf Mauern und Steinen aufgepinselt. Sie stehen für ›Reserved to Owner‹ und weisen auf Privatgelände hin, dessen Betreten nicht gestattet ist.

Souvenirs

Typisch für Malta sind bunte **Glaswaren** in allen Formen und Farben, die auf Malta und Gozo in Glasbläsereien angefertigt werden. Man kann sie entweder in den zahlreichen Souvernirläden oder im Direktverkauf (s. S. 91) erwerben.

Handarbeiten ist ein wichtiger Bestandteil im Leben älterer Malteserinnen, die sich dadurch ein Zubrot verdienen. Ihre **Klöppelwaren** werden auf beiden Inseln in Geschäften oder z. B. auf dem Markt in Marsaxlokk angeboten. Sehr beliebt sind auch die maltesischen Leinentischdecken, die dort in großer Auswahl feilgeboten werden.

Nach **Strickwaren** aus Heimarbeit schaut man sich am besten auf Gozo um – preiswerte Jacken und Pullover werden in den Straßen rund um den Markt und auf der Zitadelle in Rabat (Victoria) auf Gozo angeboten.

Die herrlichen **Türklopfer** aus Messing, die man in den Seitengassen an alten Holztüren bewundern kann, werden für Besucher ebenfalls zum Verkauf angeboten.

Bei Einheimischen und Besuchern gleichermaßen beliebt ist der **Silberschmuck,** was sich in zahllosen Juwelierläden niederschlägt. Aus heimischer Produktion stammen die Filigranarbeiten, z. B. in Form eines Malteserkreuzes.

Immer populärer werden typische **Kulinaria.** Honigfreunde werden sich für den wunderbaren Thymianhonig begeistern können. Aber auch maltesische Kapern, die überall auf der Insel gedeihen, eingelegter Ziegenkäse oder gar der rosafarbene, zuckersüße Likör, der aus der Kaktusfeige hergestellt wird, werden immer häufiger angeboten. Ein guter Ort, um solche Köstlichkeiten zu erwerben, ist z. B. der Markt von Marsaxlokk (dort muss man handeln!) oder die Citadella Boutique auf der Zitadelle von Rabat (Victoria) auf Gozo (s. S. 97).

Trinkgeld

Wie in Mitteleuropa auch, gibt man in Restaurants je nach Zufriedenheit und Rechnungsbetrag ein Trinkgeld von etwa 1–3 € (0,5–1 Lm). Auch andere Dienstleister wie z. B. Reiseleiter, Kofferträger, Taxifahrer erwarten eine angemessene Anerkennung; Zimmermädchen gibt man am besten im Voraus ein Trinkgeld von etwa 1 Lm pro Woche.

Vogeljagd

Auch wenn auf Malta immer mehr kritische Stimmen laut werden, gilt die Vogeljagd mit Schrotflinte und Netzen nach wie vor als weit verbreitetes Freizeitvergnügen. In den Frühlings- und Herbstmonaten, wenn die Vogelschwärme von und nach Afrika unterwegs sind, sind in den frühen Morgen- und den späten Nachmittagsstunden in ländlichen Regionen überall Gewehrschüsse zu hören. Bei Wanderungen trifft man immer wieder auf Vogeljäger, die in Schießständen auf der Lauer liegen. Die Mehrzahl von ihnen sind Fremden gegenüber freundlich gesonnen – ein fragendes Handzeichen in Richtung Jäger genügt, und sie lassen einen unbeschadet passieren. Seine Ablehnung gegenüber ihrem ›Sport‹ mit Schimpftiraden zu äußern führt zu nichts.

Wasser

Eines der größten Probleme auf den maltesischen Inseln ist der chronische Wassermangel. Um Trinkwasser zu gewinnen, werden tiefe Wasserreservoire angebohrt und energieaufwendige Meerwasserentsalzungsanlagen betrieben. Daher sollte man stets darauf achten, dass man das teure Nass nicht verschwendet, z. B. durch ewig langes Duschen oder gar Wannenbäder.

Zum Zähneputzen kann man sorglos auf das Wasser aus der Leitung zurückgreifen. Trinken sollte man hingegen nur das in Flaschen abgefüllte Mineralwasser (mit und ohne Kohlensäure).

Zeit

Auf Malta gilt Mitteleuropäische Zeit (MEZ) und Sommerzeit wie in der EU. Man muss die Uhr also nicht umstellen. Im Land werden Uhrzeiten nach britischem System angegeben: *8 am* bedeutet 8 Uhr morgens, *8 pm* ist 20 Uhr abends.

Englisch lernen auf Malta

Urlaub unter südlicher Sonne genießen und die Englischkenntnisse aufpolieren: Auf Malta lässt sich beides bestens verbinden. In einer Vielzahl von Sprachschulen erteilen qualifizierte Lehrkräfte Unterricht für Anfänger und Fortgeschrittene. Damit der Spaß nicht zu kurz kommt, bieten die Schulen auch kulturelle Aktivitäten und ein ausgedehntes Freizeitprogramm an. Auch für die Unterbringung wird gesorgt: Zur Auswahl stehen Hotels, Apartments und Pensionen, man kann auch als zahlender Gast bei einer maltesischen Familie wohnen. Vor allem Letzteres empfiehlt sich, denn durch den Familienanschluss müssen die Schüler dort auch in der Freizeit Englisch sprechen. Sprachferien können bei Pauschalanbietern oder vor Ort gebucht werden – das Maltesische Fremdenverkehrsbüro (s. S. 34) hält eine Liste mit den Adressen der Sprachschulen bereit. Zu bedenken gilt allein: Das Englisch der Malteser außerhalb der Sprachschulen entspricht natürlich nicht dem hohen Oxford-Ideal.

Feste & Unterhaltung

Straßenprozession in Vittoriosa (Birgu)

Wer gerne feiert, ist auf Malta bestens aufgehoben. Der maltesische Kalender ist gespickt mit Fest- und Feiertagen, an denen tiefe Religiosität und südländische Lebensfreude sich mischen. Oft erstrecken sich die Feiern über mehrere Tage – Zeit genug, um nach Lust und Laune mitzufeiern.

Gesetzliche Feiertage

An diesen Feiertagen sind alle Museen und Sehenswürdigkeiten geschlossen.

1. Januar: Neujahr *(New Year's Day)*
10. Februar: Schiffbruch des Heiligen Paulus *(St. Paul's Shipwreck)*
19. März: Feierlichkeiten zu Ehren des hl. Joseph *(St. Joseph's Day)*
31. März: Abzug des britischen Militärs 1979 *(Freedom Day)*
Karfreitag *(Good Friday)*
Ostersonntag *(Easter Sunday)*
1. Mai: Tag der Arbeit *(Workers Day)*
7. Juni: *Sette Giugno* (Tag des antibritischen Aufstands am 7. Juni 1919)
29. Juni: Mnarja-Fest *(St. Peter and Paul)*
15. August: Mariä Himmelfahrt *(Feast of the Assumption)*
8. September: Gedenken an das siegreiche Ende der Großen Belagerung von 1565 *(Our Lady of Victories/Great Siege Day)*
21. September: Unabhängigkeitstag *(Independence Day)*
8. Dezember: Unbefleckte Empfängnis *(Immaculate Conception)*
13. Dezember: Tag der Republik *(Republic Day),* Jahrestag der Erklärung Maltas zur Republik 1974
25. Dezember: 1. Weihnachtsfeiertag *(Christmas Day)*

Feste

Februar/März

Karneval: Karneval schaut in Malta auf eine lange Tradition zurück: Schon im 16. Jh. wurde das Fest gefeiert. Jeder Ort hat einen Karnevalsverein, dem die Organisation des Treibens obliegt.

Hauptschauplätze der Veranstaltungen sind Valletta auf Malta sowie Rabat (Victoria) und Nadur auf Gozo. Aber auch in vielen anderen Orten geht es hoch her. Zum Auftakt des Karnevals wird ›Il Parata‹, ein Schwerttanz, der an den Kampf zwischen Maltesern und Osmanen erinnern soll, aufgeführt. Dann ziehen Tausende von tanzenden Menschen in bunten Kostümen und fantasievollen Masken durch die Straßen. Begleitet werden sie von kostümierten Musikkapellen und dekorierten Wagen. Natürlich dürfen auch Böllerschüsse und Feuerwerk nicht fehlen.

Malta Marathon: Seit 1986 gehört der Ende Februar/Anfang März stattfindende internationale Marathon zu den sportlichen Highlights des Inselstaates. Informationen findet man unter www.maltamarathon.com.mt.

März/April

Ostern: Im streng katholischen Malta spielt das Osterfest natürlich eine herausragende Rolle. In den Wochen vor dem Osterfest werden die Kirchen herausgeputzt: Die Silberleuchter werden auf Hochglanz poliert, die Kristalllüster von ihren Umhüllungen befreit, die Säulen mit roten Damasttüchern verkleidet und die Kapellen mit weißen Chrysanthemen geschmückt. Für diese Arbeiten ist die männliche Dorfbevölkerung verantwortlich. In den Kapellen werden zudem die ›Last Supper Displays‹ aufgestellt, figürliche Darstellungen des letzten Abendmahls, die von Musik vom Band untermalt werden.

Die Karwoche wird mit einem Fackelumzug von Siggiewi zu der kleinen Kapelle Salib tal Gohlja bei Laferla Cross eingeläutet. Zudem besuchen viele Malteser am Gründonnerstag sieben Kirchen oder verrichten in einer Kirche sieben Gebete in Erinnerung an die sieben Schmerzen Mariens.

Am späten Nachmittag des Karfreitags werden lebensgroße Statuen, die die Passion Jesu erzählen, von den Männern durch die Dörfer getragen. Kinder und Erwachsene, verkleidet als Figuren aus dem Alten und dem Neuen Testament, reihen sich in die Umzüge ein, während eine Kapelle mit Trauermusik die Prozession begleitet. Besonders bekannt sind die Prozessionen von Zejtun, Mosta, Naxxar, Cospicua, Vittoriosa/Birgu und Xaghra (Gozo).

Der Ostersonntag steht dann im Zeichen der Freude über die Auferstehung: Am frühen Morgen rennen (!) junge Männer mit der Christusfigur auf ihren Schultern durch die Gassen. Besonders gut lassen sich diese Umzüge in den ›Three Cities‹ (Birgu/Vittoriosa, S. 43) beobachten. Bei den Osterfeierlichkeiten darf das traditionelle Ostergebäck aus Biskuitteig und Marzipan, Figolli, nicht fehlen.

History & Elegance: Dieses Festival beginnt am Ostermontag und dauert eine Woche. Überall im fahnengeschmückten Valletta finden Aufführungen und Paraden in historischen Kostümen statt. Aber auch in Mdina werden Episoden aus der Vergangenheit von kostümierten Darstellern in Szene ge-

Festas

Im Sommer erreicht der maltesische Veranstaltungskalender seinen Höhepunkt, denn dann finden die Dorf-Festas zu Ehren der Kirchenpatrone statt. Die Dorfstraße wird mit Fahnen, Girlanden und Lichterketten geschmückt, die Kirche mit wertvollem Damasttuch ausgekleidet, sogar die Schätze aus der Sakristei holt man hervor. Begleitet von schmissiger Blasmusik und Applaus wird dann die Figur des Schutzheiligen durch die Straßen getragen. Das ganze Dorf ist auf den Beinen, denn Essen, Trinken und Plaudern sind mindestens so wichtig wie der Umzug selbst. Höhepunkt jeder *festa* ist ein farbenprächtiges Feuerwerk, das ab 22 Uhr mit lautem Getöse abgebrannt wird. Eine Festa ist übrigens eine gute Gelegenheit, maltesische Spezialitäten zu probieren, etwa das von Straßenhändlern angebotene ›Nougat‹.

setzt: z. B. eine traditionelle Brautwerbung.

Juni

Mnarja-Fest: Der Festtag zum Gedenken der beiden wichtigsten Schutzheiligen Maltas, St. Peter und St. Paul, am 29. Juni gehört zu den bedeutendsten Feierlichkeiten der Insel. Der Name Mnarja leitet sich vom italienischen *luminara* ab. Darin klingt bereits der Lichterschmuck an, mit dem die maltesischen Kirchenfassaden dekoriert sind.

Die Feierlichkeiten werden am Vorabend in den Buskett Gardens eingeleitet, wo man sich zu Volksmusik und Feuerwerk trifft. Am Feiertag selbst genießt man das Nationalgericht Fenek (Kaninchen), in der Nähe von Rabat finden Pferde- und Eselsrennen statt.

Juli

Malta Jazz Festival: In der Regel am dritten Juli-Wochende findet das immer populärer werdende Jazz Festival statt. Inzwischen nehmen auch zahlreiche international renommierte Jazzmusiker teil. Die Aufführungen finden unterhalb der Bastionen Vallettas unter freiem Himmel statt!

September

Our Lady of Victories/Great Siege Day: Am 8. September jährt sich der Sieg des Johanniterordens über die osmanischen Belagerer. Damit endete die ›Große Belagerung‹ von 1565. Der Tag wird mit einer farbenfrohen Ruderboot-Regatta im Großen Hafen begangen.

Independence Day: Zum Unabhängigkeitstag am 21. September findet vormittags nach der Messe ein feierlicher Umzug mit allen hohen Politikern von der Johanneskathedrale nach Floriana statt. Am Vorabend gibt es eine große Kirmes, natürlich mit Feuerwerk.

Oktober

Pferderennen: Im Oktober beginnt die Rennsaison, die bis Mitte Juni dauert. Jeden Sonntag locken Trabrennen die wettbegeisterten und pferdeverrückten Malteser in den Marsa Hippodrome (M9). Fast interessanter als die eigentlichen Rennen ist das leidenschaftliche Publikum!

Dezember

Weihnachten: Die Dörfer wetteifern um den schönsten Lichterschmuck und die eindrucksvollste Weihnachtskrippe, Letztere wird prämiert.

Discos / Clubszene

Das Nachtleben konzentriert sich vor allem auf Maltas Touristenhochburg Nr. 1 San Giljan (St. Julians) und dort vor allem auf den Stadtteil Paceville, wo Bars und Clubs die sehr jugendlichen Nachtschwärmer erwarten. Ruhiger geht es rund um die Spinola Bay zu, wo Restaurants mit ihren Terrassen dazu einladen, unter freiem Himmel zu dinieren. Schicker, aber auch steriler ist der neue Portomaso-Komplex, wo man mit Blick auf Motoryachten dem *dolce far niente* frönen kann.

Das Nachtleben von Sliema bedeutet vor allem Flanieren auf der neu gestalteten Küstenpromenade. In jüngster Zeit mausern sich auch Bugibba/Qawra und Marsaskala zu Orten mit regem Nachtleben: Tanzen, Musikhören, Flanieren und Glückspiel sind hier angesagt.

Der einzige gozitanische Nightspot von Bedeutung ist die Disco La Grotta auf halbem Wege zwischen Rabat und Xlendi. Außerhalb der Sommersaison verläuft das Nachtleben in sehr viel ruhigeren Bahnen.

Unterwegs mit Kindern

Tipps für die Reiseplanung

Baby- und Kleinkindbedarf erhält man in Apotheken und Supermärkten, Windeln und Babynahrung stammen freilich aus italienischer Produktion. Für Kinder sollte man stets (auch in Frühjahr und Herbst) Sonnenschutzcremes mit sehr hohem Schutzfaktor mitnehmen, da diese auf Malta generell teurer sind. Im Frühsommer kann es je nach Hotelstandort auch Probleme mit Stechmücken geben, für kleine Kinder nimmt man dann besser ein Moskitonetz mit. Auch Badeschuhe erweisen sich an den Felsküsten als sehr nützlich.

Unterkunft

Die Malteser sind ein ausgesprochen kinderfreundliches Volk, doch macht sich das nur bei wenigen Hotels bemerkbar – die Herbergen in den städtischen Gebieten sind selten mit Spielplatz oder anderen kinderfreundlichen Einrichtungen ausgestattet. Trubel und Verkehr rund um den Marsamxett-Hafen bedeuten ohnehin Stress für die kleinen Besucher – und damit auch für die Eltern. Für Familien mit Kindern ist es daher ratsam, einen Badeort als Standquartier auszuwählen. Geeignet ist der Nordwesten Maltas, wo es die schönsten Sandstrände der Insel und zudem familienfreundliche Hotelanlagen gibt.

Kinderfreundliche Strände

Gefahrloses Planschen in flachem Wasser bietet die **Mellieha Bay** mit ihrem für maltesische Verhältnisse breiten Sandstrand. Einziger Wermutstropfen ist die viel befahrene Straße, die direkt hinter dem Strand verläuft. Zur Bucht gehört das **Mellieha Holiday Centre** (s. S. 61), eine großzügig gestaltete Bungalowanlage, die auch auf Kinder eingestellt ist, allerdings nur über einen dänischen Veranstalter gebucht werden kann. Im Bungalowstil ist auch das **Mistra Village** in Xemxija (s. S. 88) angelegt. Animation und Kinderbetreuung sorgen dafür, dass Langeweile ein Fremdwort bleibt und sich die Eltern auch einmal ohne ihre Kinder erholen können.

Besondere Ausflugziele

Popeye Village in der Anchor Bay: Hier wurde der Film ›Popeye‹ gedreht (s. S. 63). Erhalten geblieben ist die Filmkulisse, die nicht nur kleine Comicfans (und auch die, die nie von Popeye gehört haben) begeistert. Kinderherzen höher schlagen lässt auch das Spaßbad **Splash & Fun-Park** in Bahar Ic-Caghaq (s. S. 75). Nebenan unterhält der Mediterraneo Marine Park (s. S. 75) mit Delfinshows.

Die verschiedenen **Experience-Shows** (s. unter den jeweiligen Orten), in denen die Inselgeschichte anhand von lebensgroßen Puppen anschaulich dargestellt wird, eignen sich auch für ältere Kinder. Allein der Besuch der Mdina Dungeons (s. S. 58) mit der Darstellung von grausigen Folterszenen ist weniger kindertauglich. Interessanter noch sind die ›Re-enactments‹, wenn bestimmte Stätten wie z. B. Fort St. Elmo (Valletta) bei der **In-Guardia** mit kostümierter Besatzung wieder zum Leben erweckt werden.

Auch **Bootsausflüge** durch den Hafen, rund um die Inseln, eine **Unterwasser-Safari** mit dem Glasbodenboot oder eine Fahrt mit dem **Oldtimer-Bus** bieten eine Abwechslung für kleine Maltafans.

Übernachten

Unterkunft in den stilvollen alten Villen Maltas gibt es leider kaum

Urlaubsorte im Überblick

Die beiden nahtlos ineinander übergehenden Ortschaften Sliema und San Giljan (St. Julians) sind die führenden Touristenzentren auf Malta. Aufgrund seines quirligen Nachtlebens – allerdings mit der entsprechenden nächtlichen Geräuschkulisse verbunden – ist San Giljan der Hit schlechthin, besonders bei jungen Besuchern. Wer dennoch nicht auf einen geruhsamen Schlaf verzichten möchte, der ist in den drei Luxusherbergen des Ortes gut aufgehoben.

Das ruhigere Nachtleben Sliemas konzentriert sich weitgehend auf die Uferpromenade, die abends besonders reizvoll ist. Für Sliema sprechen die entzückenden Seitengassen, die Einblicke in das Alltagsleben der Malteser gewähren. Über Strände verfügen beide Orte nicht, man erreicht von Felsplateaus aus das kühle Nass. Die Anbindung an das öffentliche Busnetz ist ideal.

Nach Abzug der Besucher kehrt Stille in Maltas Hauptstadt ein. Wem das zusagt, sollte Valletta als Standquartier in Erwägung ziehen. Bustechnisch ist die Stadt ohnehin unschlagbar – der zentrale Busterminal befindet sich direkt vor der ›Haustür‹ Vallettas.

Die touristischen Schwergewichte des Inselnordens heißen Bugibba und Qawra. Flair ist in den aus dem Boden gestampften Ansiedlungen allerdings Mangelware. Ihre Trumpfkarte liegt in der guten touristischen Infrastruktur und der Nähe zu den schönsten maltesischen Stränden. Ist man mit dem öffentlichen Bus unterwegs, bedarf es hier etwas mehr Zeit und Geduld. Für einen Badeurlaub mit Kindern sind Mellieha und die gleichnamige Bucht mit ihrem Sandstrand und dem flachen Wasser ideal.

Die Nachbarinsel Gozo als Feriendomizil? Hervorragend für alle, die Ruhe und Beschaulichkeit suchen. Der Fremdenverkehr beschränkt sich im Wesentlichen auf Marsalforn und das reizvolle Xlendi. Tagesausflüge nach Malta sind durch die regelmäßig verkehrenden Fähren kein Problem. Ein Mietwagen ist dann allerdings unerlässlich.

Hotels

Seit ein exklusiverer Tourismus gefördert werden soll, wird gerade der Bau von Luxushotels der 5-Sterne-Kategorie vorangetrieben. Wer auf eine besondere Atmosphäre, ästhetische Gestaltung, individuell eingerichtete Zimmer sowie makellosen Service Wert legt, kommt an einem 5-Sterne-Hotel nicht vorbei. Die Mehrzahl der 3- und 4-Sterne-Hotels auf Malta stammen aus der Frühzeit des Tourismus in den

1970er Jahren, als weder auf architektonische Finesse noch auf Ambiente Wert gelegt wurde. Sie bieten eine nüchterne Fassade und ebensolche Zimmer, die darüber hinaus oft schlecht isoliert und abgewohnt sind. Auch die übrigen Einrichtungen sowie Service und Küchenleistungen entsprechen nicht der Kategorie – die ohnehin mit dem in Westeuropa Üblichen wenig zu tun hat. Inzwischen ist das auch von offizieller Seite erkannt worden – überall werden alte Hotelbauten abgerissen und durch neue, ansprechendere ersetzt. Bei den 4-Sterne-Hotels gibt es jedoch löbliche Ausnahmen, die unter den Orten hervorgehoben werden.

Die meisten Hotelzimmer werden über Pauschalanbieter vermietet. In der Regel werden auch Buchungen von Individualreisenden akzeptiert, allerdings zu höheren Preisen. Außerhalb der Saison bieten die Hotels erhebliche Preisnachlässe an. Falls man bei der Ankunft noch ohne Unterkunft ist, hilft die Touristeninformation am Flughafen bei der Suche. Die meisten Hotels der 5- und 4-Sterne-Kategorie kann man auch per Internet buchen. Einen Überblick über das Hotelangebot findet man unter www.urlaubmalta.de.

Apartments

Komplett ausgestattete Apartments für Selbstversorger, die von privater Hand angeboten werden, findet man überall in den Touristenzentren Maltas, besonders aber auf Gozo. Die Räumlichkeiten folgen meist dem selben Muster – Schlaf- und Wohnbereich, Balkon, Bad und Küche. Man kann sie online oder vor Ort buchen. Letzeres ist preisgünstiger. Und auch in der Hochsaison wird man – bei eingeschränkter Auswahl – fündig.

Guesthouses

Reisenden mit schmalem Geldbeutel oder solchen, die auf eine persönlichere Atmosphäre Wert legen, bieten sich Guesthouses (Pensionen) an, die in allen Touristenorten zu finden sind. Sie werden privat geführt, sind meist einfach, verfügen über sechs bis zehn Zimmer. Sie werden nach den Kategorien Standard und Premium klassifiziert. Je nach Kategorie bieten sie private Badezimmer oder ein Etagenbad. Guesthouses werden in der Regel nicht in den Katalogen der Reiseveranstalter geführt. Man bucht sie über das Internet, häufiger aber telefonisch, per Fax oder vor Ort. Pro Person bezahlt man zwischen 5 und 7 Lm für eine Übernachtung mit Frühstück.

Camping

Es gibt keinen offiziellen Campingplatz auf Malta, wild campen ist verboten.

Individuell wohnen – Farmhouses

Auf Gozo existiert eine ausgesprochen reizvolle Art der Unterkunft – auf der ländlich geprägten Insel sind zahlreiche Bauernhäuser zu romantischen, oft luxuriösen Ferienhäusern umgestaltet worden. Sie sind liebevoll-individuell eingerichtet und für Selbstversorger ausgerüstet. Viele verfügen über einen eigenen Swimming-Pool. Diese Art der Unterkunft abseits des Massentourismus hat aber ihren Preis – pro Tag muss man um die 50 Lm rechnen. Gebucht werden Farmhouses pauschal oder vor Ort. Einen Überblick über Angebot und Anbieter findet man unter www.gozo.com.

Essen & Trinken

Köstlichkeiten der maltesischen Küche

Restaurants

Die Restaurantszene Maltas hat sich in den letzten Jahren enorm gemausert. Überall entstehen neue Restaurants, die hauptsächlich von Einheimischen, nicht nur von Touristen besucht werden. Darin manifestiert sich ein deutlicher gesellschaftlicher Wandel. In dem einst rein agrarisch geprägten Land wurde nur innerhalb der eigenen vier Wände gekocht und gegessen. Mit dem Einzug des Tourismus hat sich das geändert, doch richtete sich das kulinarische Repertoire der ersten Restaurants fast ausschließlich an ein Publikum, das vor allem an der Kopie heimischer, und das hieß in der Regel britischer Speisen interessiert war. Und auch für viele Malteser war der Genuss von ›internationaler Küche‹ nicht zuletzt auch Ausdruck von Weltläufigkeit. Erst im letzten Jahrzehnt hat hier ein Umdenken stattgefunden – in den Wochenendausgaben der Zeitungen werden maltesische Rezepte abgedruckt und immer mehr Kochbücher mit maltesischen Rezepten erscheinen auf dem Markt.

Und inzwischen hat eine gestiegene Nachfrage dazu geführt, dass viele Restaurants auch landestypische Gerichte in ihr Repertoire aufgenommen haben. Auf Hamburger, Fritten oder Sandwiches muss man dennoch nirgendwo verzichten. Ebenso wenig auf Altbekanntes aus Italien – Pizza & Pasta werden landauf, landab serviert, oft in hervorragender Qualität.

Die maltesische Küche

Die maltesische Küche ist eine bodenständig-deftige Küche, die ohne viel Schnickschnack auskommt. Traditionell wurde immer das zubereitet, was Land und Meer gerade bereithielten.

Die Rezepte werden in der Familie von Generation zu Generation weitergegeben und variieren daher leicht. Die traditionelle maltesiche Küche hat viele Einflüsse erfahren. Kein Wunder also, dass man sich bei vielen einheimischen Speisen an Gerichte aus dem nahen Italien, Spanien oder Griechenland erinnert fühlt, während sich besonders bei den Nachspeisen die Einflüsse aus dem nordafrikanisch-arabischen Raum bemerkbar machen.

Während man an den Buffets der besseren Hotels ein britisch-kontinentales Frühstück mit Eiern und Speck, Brot, Marmelade und sogar auch Müsli genießen kann, fällt das maltesische Frühstück – wie in Südeuropa üblich – eher rudimentär aus. Auf dem Weg zur Schule oder zur Arbeit kauft man sich Snacks wie **Pastizzi,** die den ganzen Tag über als kleiner Snack für zwischendurch heiß begehrt sind. Es handelt sich dabei um Blätterteigtaschen, die mit

Frischkäse (Rikotta) oder Erbsenpüree gefüllt sind.

Wie auch in anderen Ländern am Mittelmeer üblich, beginnt eine Mahlzeit mit kleinen Snacks: In Spanien würde man sie Tapas nennen, hier heißen sie **Mizet Malti**. Außer *Hobz biz-Zejt* – ein mit Tomatenpüree, Kapern und Oliven belegtes knuspriges Bauernbrot – werden sie jedoch nur selten in Restaurants angeboten.

Frischer **Fisch** ist ein fester Bestandteil der maltesischen Speisekarte. *Lampuka* heißt der makrelenartige ›Nationalfisch‹ Maltas. Er wird frisch angeboten, wenn zwischen August und November Lampuka-Schwärme in den maltesischen Gewässern auftauchen. Ansonsten sind Schwertfisch *(Pixxispad)*, Seebarsch *(Cerna)*, Rotbarbe *(Merluzz)* oder Zahnbrasse *(Dentici)* auf den Speisekarten zu finden. Da die maltesischen Gewässer aber nicht (mehr) sehr fischreich sind, handelt es sich oft um tiefgekühlte Importware. Sehr delikat sind die Gerichte mit frischem Oktopus, der mit viel Knoblauch gebraten serviert wird.

Fleisch wird in der traditionellen maltesischen Küche meist in Form von langsam gegarten Schmorgerichten zubereitet, z. B. das Rindsgulasch *Stuffat*. Dazu zählt auch das maltesische Nationalgericht *Fenek Stuffat*, in Rotwein geschmortes Kaninchen. Nicht weniger köstlich sind die Rouladen *Bragioli*. Ansonsten sind Fleischgerichte traditionellerweise rar, da als Haustiere meist nur Ziegen gehalten wurden und diese als Milchlieferanten nicht geschlachtet wurden.

Pasta ist auch aus der maltesischen Küche nicht wegzudenken: *Ravjul* heißt die lokale Spielart der italienischen Ravioli, hinter dem Namen *Timpana* verbirgt sich ein Makaroni-Auflauf.

Als **Nachtisch** lieben die Malteser das süße *Helwa tat Tork*. Die Leckerei aus Sesam und Honig ist auch als Türkischer Honig *(Helva)* bekannt und wird in Scheiben von großen Blöcken abgeschnitten. Wer es lieber pikant mag, wählt als Nachtisch *Gbejniet*, der traditionellerweise aus Ziegenmilch, heute aber meist aus Kuhmilch hergestellt wird. Nach wie vor aber wird er an der Luft getrocknet und anschließend in schwarzem Pfeffer gerollt.

Backwaren werden in allerlei Varianten angeboten. Besonders populär sind die mit würzigem Feigenmus gefüllten Teigkringel *Ghaqaq ta'l-Ghasel*. Ein guter Ort, um diese und andere süße Spezialitäten zu kaufen, sind die Stände am Busterminal von Valletta (s. auch Kasten S. 67).

Getränke

Auf Malta wird ein eigenes **Bier** gebraut, und mit den Erzeugnissen der einheimischen Farson-Brauerei ist man so gut beraten, dass man das teure Importbier getrost ignorieren kann. *Cisk* (sprich ›tschisk‹) *Lager* ist in etwa mit deutschem ›Export‹ zu vergleichen. *Hop Leaf* bezeichnet ein leicht bernsteinfarbenes, eher süßliches Bier, *Blue Label* ein dunkles obergäriges Bier.

Auch **Wein** wird angebaut und gekeltert. *Special Reserve, Verdala* (Marsovin-Kellerei) und *Green Label* (Kellerei Delicata) sind leichte, trockene Weißweine, *La Vallette* (Marsovin-Kellerei) ist ein trockener Rotwein. Auf *Pinot Grigio, Chardonnay* und *Merlot* hat sich die Kellerei Delicata spezialisiert.

Die aus Italien bekannten Kaffeespezialitäten wie *Espresso*, vor allem aber *Capuccino* haben auch auf Malta Einzug gehalten und sind fast ausnahmslos hervorragend.

Kulinarisches Lexikon

Frühstück

boiled egg hart gekochtes Ei
fried egg Spiegelei
poached egg pochiertes Ei
scrambled eggs Rührei
bacon Schinkenspeck
baked beans weiße Bohnen in Tomaten-Sauce
bread Brot
toast Toast
marmelade Orangenmarmelade
jam alle anderen Marmeladensorten
honey Honig
tea Tee
coffee Kaffee
milk Milch
cheese Käse
ham Schinken
sausage Wurst

Salate, Snacks

Bigilla Püree aus Saubohnen
Gbejniet luftgetrockneter Hartkäse aus Ziegen- oder Kuhmilch mit Pfefferrand
Hobz biz-Zejt knuspriges Bauernbrot mit Olivenöl und Tomatenpüree bestrichen und mit Kapern, Oliven, manchmal auch mit Tunfisch belegt
insalata tal pixxispad Salat aus Schwertfisch, Kartoffeln, Kapern
kapunata Auberginensalat mit Kapern
Pastizzi mit Frischkäse (Rikotta) oder Erbsenpüree gefüllte Blätterteigtaschen

Suppen, Germüsegerichte

Aljotta Fischsuppe mit Tomaten, Reis und Knoblauch
Bradu tac canga klare Rindfleischsuppe mit Gemüse
Kawlata Gemüseeintopf mit maltesischer Wurst
Kusksu Bohnengemüse, mit Zwiebeln und Tomaten geschmort
Minestra sämige Gemüsesuppe mit Bohnen, vergleichbar mit der italienischen Minestrone
Qargha ahdar moqli in Olivenöl gebratene Kürbisstücke, mit Petersilie und Knoblauch serviert
Ravjul mit Rikotta, Parmesan und Petersilie gefüllte Teigtaschen
Soppa tal-armla ›Witwensuppe‹: Gemüseeintopf aus verschiedenen Kohlarten, Spinat, Erbsen, Chicoree, Ziegenkäse und pochierten Eiern

Hauptgerichte

Bragioli mit Eiern, Schinken und Kapern gefüllte Rindsroulade
Bringiel mimli Fil-Fan mit Hackfleisch gefüllte Auberginen
Bzar ahdar mimli Paprikaschoten gefüllt mit Reis, Hackfleisch, Kapern und Käse
Canga bit-tewm geschmorter Rinderbraten mit Knoblauch
Fàlda tal-majjal mimlija mit Hackfleisch gefüllte Schweinelende
Fenek stuffat in Rotwein geschmortes Kaninchen
Fwied moqli fit-tewm gebratene Leber mit viel Knoblauch
Kapunnata mit französischer Ratatouille vergleichbarer Gemüseeintopf auf Auberginen-/ Tomatenbasis
Patata mimlija Kartoffelauflauf mit Hackfleisch und Käse
Qaqocc mimli mit Knoblach und Sardellen gefüllte Artischokenböden
Qargha baghli mimli bil-laham mit Käse, Knoblauch und Hackfleisch gefüllte Zucchini
Risotto bil-frott tal bahar Reis mit Muscheln

Ross il Forn Reisauflauf mit Hackfleisch
Stuffat deftiges Rindsgoulasch
Stuffat tal-haruf Lammeintopf mit verschiedenen Gemüsen
Timpana Makkaroniauflauf mit Hackfleisch, Tomaten, Eiern, Knoblauch und Zwiebeln
Torta tal fenek Quiche gefüllt mit geschmortem Kaninchenfleisch
Torta tar-irkotta u spinaci Quiche gefüllt mit Frischkäse und Spinat

Fisch

Casserole tal-tonn Tunfischeintopf mit Zwiebeln und Kartoffeln
Cerna Seebarsch
Dentici Zahnbrasse
ghagin bit-tewn Spaghetti mit Knoblauchsauce
Lampuka etwa 1 m langer, 50 kg schwerer Fisch, eine Makrelenart
Merluzz Rotbarbe
Pixxispad Schwertfisch
Qarnit mgholli gekochter Tintenfisch mit Essig, Öl und Kapern
Stuffat tal Qarnit Tintenfischragout
Torta tal-Lampuki Lampuka, Tomaten, Zwiebeln, Oliven, Spinat, Walnüsse, Rosinen im Teigmantel

Süßspeisen

Figolli traditionelles Ostergebäck aus Biskuitteig und Marzipan
Ghaqaq ta'l-Ghasel Teigkringel mit gewürztem Feigenpüree
Helwa tat Tork süße Nachspeise aus gemahlenem Sesam und Honig
Imqaret frittierte Teigtaschen mit Feigenpüree
Kannoli Teigröhren gefüllt mit Rikotta-Käse und kandierten Früchten
Prinjolata Puddingtörtchen mit kandierten Früchten (nur Karneval)
Tamal mimli mit Marzipan gefüllte Datteln
Zepolli Fettgebäck mit Frischkäse und kandierten Früchten gefüllt

Was man beim Essengehen beachten sollte

Die Öffnungszeiten der Restaurants variieren stark. Als Faustregel gilt: Zwischen 12 und 14 Uhr wird Mittagessen *(lunch)*, zwischen 18.30 und 22.30 Uhr Abendessen *(dinner)* serviert. Die angegebenen Öffnungszeiten beziehen sich meist auf die *last order,* also die letzte Möglichkeit der Essensbestellung. Viele Restaurants bleiben aber so lange geöffnet, bis der letzte Gast gegangen ist. Manche sind an einem Tag in der Woche geschlossen, andere öffnen nur während der Sommermonate. Die Öffnungszeiten können durchaus auch Lust und Laune unterliegen – deshalb: Möchte man auf Nummer Sicher gehen, empfiehlt sich ein kurzer Telefonanruf vorab.

In guten Restaurants wird erwartet, dass man eine volle Mahlzeit mit Vorspeise und Hauptgericht bestellt. Auch sollte die Kleidung dem Ambiente entsprechen. Es ist üblich, sich vom Kellner zum Tisch geleiten zu lassen, worauf am Eingang manchmal das Schild »Please wait to be seated« hinweist. Wenn es nur eine Kleinigkeit sein soll, geht man in eine Pizzeria oder ein Take-away – auch in Lokalen, die mit dem Label ›Casual Dining‹ Werbung machen, muss man die strengen Regeln nicht beachten.

Aktivurlaub

Der maltesische Archipel – ein Paradies für Wasserratten

Baden

Im glasklaren Meer zu baden gehört zu den Höhepunkten eines jeden Mittelmeerurlaubes. Zur Auswahl stehen die Felsplateaus in den Ferienorten, wo man über Steigleitern das erfrischende Nass erreicht. Besonders reizvoll ist das Baden an den wenigen Sandstränden Maltas – an den Buchten von Golden Bay, Ghajn Tuffieha, an der Gnejna Bay, Armier Bay, Paradise Bay und Mellieha Bay. An den drei Erstgenannten sollte man an windigen Tagen aufgrund von tückischen Strömungen besondere Vorsicht walten lassen. Die Mellieha Bay ist aufgrund ihres flachen Wasser besonders für Familien mit Kindern geeignet. Der schönste Sandstrand auf Gozo liegt in der Ramla Bay.

Banana & Wasserspaß

In den Ferienzentren und an verschiedenen Stränden (z. B. Golden Bay und Mellieha Bay) werden **Parasailing, Banana Riding** (ein von einem Motorboot gezogenens bananenförmiges Schlauchboot), **Jetski** oder **Tretbootverleih** angeboten.

Joggen und Walking

Jogging und Walking gehören bei vielen Maltesern inzwischen fast zum Alltag. In den frühen Morgenstunden und zur Feierabendzeit verwandelt sich die Uferpromenade von Sliema bis nach San Giljan (St. Julians) zur Laufstrecke. Und tatsächlich eignet sich das jüngst verbreiterte und neu gestaltete Terrain ausgezeichnet, um sich an frischer Luft zu trimmen.

Radfahren

Malta und Gozo auf zwei Rädern erkunden? Fahrräder kann man in den Touristenzentren bei vielen Touranbietern ausleihen. Zum Radeln bieten sich die wenig befahrenen Landstraßen an, Radfahren im Großstadtverkehr rund um Marsamxett und Grand Harbour ist hingegen lebensgefährlich.

Bedenken sollte man, dass das Terrain der beiden Inseln und der mitunter heftig wehende Wind eine sehr gute Kondition erfordern. Folgende Anbieter vermieten Fahrräder:

Raleigh Bikes, 93a Triq it-Torri, Sliema, Tel. 21 33 67 50

Mike's Rent a Bike, 95 The Strand (Ix-Xatt), Sliema, Tel. 21 31 87 04

On 2 Wheels Hire, Triq ir-Rabat, Marsalforn, Gozo, Tel. 21 56 15 03

Reiten

Diejenigen, für die das Glück dieser Erde auf dem Rücken der Pferde liegt, können auch auf Malta selig werden. Ein- und zweistündige Ausritte für Anfänger und Fortgeschrittene durch ländliche Regionen veranstaltet u. a. *Golden Bay Horse Riding* in der gleichnamigen Bucht (s. S. 50). Reitunterricht und Ausritte bieten außerdem: *Darmanins Riding School,* 15 Stable Lane, Marsa, Tel. 21 23 56 49 und *Pandys Riding School,* Tobruk Street, Pembroke, Tel. 21 34 25 06.

Schnorcheln

Auch Nicht-Taucher können sich die Unterwasserwelt des maltesischen Archipels erschließen. Viele der zu den Hotels gehörenden Lidos und Wassersportzentren verleihen gegen eine Gebühr die entsprechende Ausrüstung. Und auch die Ausflugsboote, die in den verschiedenen Buchten Maltas vor Anker gehen, haben oft Schnorchel, Taucherbrille und Flossen an Bord. Zu den Hotspots für Schnorchler gehören z. B. die Blaue Lagune (Comino), die Dwejra Bucht (Gozo) oder Peter's Pool (Malta).

Wellness auf Malta

Mal so richtig die Seele baumeln und sich von Kopf bis Fuß verwöhnen lassen? Wellness spielt auch auf Malta eine immer größere Rolle.
Dabei ist das Thema nicht ganz so neu, wie es auf den ersten Blick scheint. Schon in der Antike wurde die Bedeutung der Erholung von Körper und Seele erkannt. Bereits die Römer pflegten eine ausgefeilte Badekultur und wussten um die entspannende Wirkung z. B. von Thermalbädern. An diese Erkenntnisse knüpft die moderne Wellness an, die auf Altbewährtes zurückgreift und gleichzeitig neue Therapien einsetzt.
Viele maltesische Hotels der Luxuskategorie bieten umfassende Wellness- und Beauty-Programme in ihren Häusern an. Thalasso-, Aroma- und Sauerstofftherapie bilden die drei Grundpfeiler der meisten Wellness-Angebote. Der Begriff Thalasso stammt aus dem Griechischen und bezieht sich auf das Meer. Die Thalassotherapie ist ein Teilbereich der Medizin, der sich mit der heilklimatischen Wirkung von Seeluft und Bädern im Meerwasser sowie der therapeutischen Verwendung von Meerwasser und Meersalz befasst. Im Wellness-Bereich finden dementsprechend Meerwasserbäder und -inhalationen, Packungen mit Meeresschlick und verschiedenen Algenprodukten Anwendung. Im Rahmen der Aromatherapie nutzt man die heilende und beruhigende Wirkung von ätherischen Ölen, die als Badezusätze Körper und Geist entspannen. Mit der Sauerstofftherapie geht man Zivilisationserscheinungen wie Stress, Umweltschadstoffe sowie die Vergiftungserscheinungen durch Alkohol und Nikotin an.
Abgerundet wird das Angebot durch kosmetische Behandlungen wie Lymphdrainagen, Collagenbehandlung, Cellulitisbekämpfung sowie Hand- und Fußpflege. Gesunde Ernährung und Fitness kommen ebenfalls nicht zu kurz. Zu den Hotels, die ein umfassendes Wellness-Programm anbieten, gehört das **San Gorg Corinthia Hotel** in San Giljan (s. S. 72). Die Wellness-Oase schlechthin ist das **Kempinski San Lawrenz Resort and Spa** (s. S. 91) auf Gozo. Neben den oben beschriebenen Anwendungen hat sich das Hotel der alten indischen Heilslehre des Ayurveda verschrieben – dort steht ein hauseigener Arzt und Ayurveda-Spezialist zur Verfügung, um mit den Gästen ein individuelles Programm abzustimmen.

Segeln

Malta mit seinen vielen natürlichen Häfen gehört zu den bedeutendsten Segelzentren im Mittelmeer. Überall werden neue Yachthäfen angelegt und die Infrastruktur für Segler ausgebaut. Der traditionsreiche Royal Malta Yacht Club steht Seglern hilfreich zur Seite und vermietet auch Segelboote mit und ohne Skipper: *Royal Malta Yacht Club,* Manoel Island, Gzira, Tel. 21 33 31 09, www.rmyc.org

Segelboote kann man auch bei *Captain Morgan Yacht Charter,* Tel. 21 34 33 73, www.yachtcharter.com.mt, oder *S&D Yachts,* Tel. 21 32 05 77, www.sdyachts.com mieten. Auch diese beiden Verleiher stellen bei Bedarf erfahrene Skipper. In der Hauptsaison erteilt der *Vikings Sailing Club,* Tel. 21 25 14 60, www.digitate.net/vikings Segelunterricht.

Die schönsten Strände

Malta

Golden Bay und **Ghajn Tuffieha:** Die beiden benachbarten Buchten weisen feine Sandstrände auf, an windigen Tagen sollte man aufgrund von Strömungen allerdings auf das Baden verzichten

Gnejna Bay: kleiner Sandstrand, vor allem von Maltesern besucht

Mellieha Bay: Sandstrand und flaches Wasser, ideal für Kinder, Nachteil: die viel befahrene Hauptstraße

Armier Bay: breiter Sandstrand, lebhafter Strandbetrieb

Gozo

Ramla Bay: breiter Sandstrand, im Sommer stark frequentiert.

Tauchen

Malta bietet alles, was das Taucherherz begehrt: warme, glasklare Gewässer, eine farbenprächtige Meeresfauna, steil abfallende Unterwassserklippen mit zahlreichen Höhlen und einige interessante Wracks. Kein Wunder, dass Malta zu den besten Tauchrevieren Europas zählt. Dieser Tatsache tragen mehr als 30 Tauchschulen Rechnung, die sich auf Malta und Gozo etabliert haben. Die Mehrheit gehört der *Professional Diving Association,* 1 Msida Court , 61 ix-Xatt Ta-Msida, Msida, pdsa@digitate.net an, die für Sicherheit und Qualität steht.

Das angebotene Programm richtet sich an Anfänger und Fortgeschrittene. Für die ersten Versuche in dieser Sportart bieten die meisten Tauchbasen Schnupperkurse an. Die weitere Ausbildung erfolgt nach den internationalen PADI-, BSAC- und CMAS-Standards. Die Adressen der einzelnen Tauchschulen sind unter den Orten aufgeführt.

Tennis & Golf

Tennisspieler oder Golfer sind im vornehmen *Marsa Sports and Country Club* in Marsa willkommen. Mit einer temporären Mitgliedschaft kann man den Golfplatz (18 Loch) und die Tennisplätze nutzen sowie Unterricht in beiden Sportarten nehmen. Squashplatz, Minigolfanlage, Tischtennisplatten und Fitnesscenter ergänzen das Angebot. Auskünfte unter Tel. 21 23 38 51, Fax 21 23 18 09, www.marsasportsclub.com.

Die Adresse für Golf-Enthusiasten: *Royal Malta Golf Club,* Marsa, Tel. 21 23 93 02, Fax 21 22 70 20, www.maltagolf.org.

Wanderführer für Malta

Inzwischen hat auch die maltesische Touristenbehörde Malta Tourism Authority erkannt, wie gut man auf den beiden Inseln wandern kann. Seit dem Jahr 2002 werden Wanderbroschüren unter dem Titel ›Countryside Walks‹ (in englischer Sprache) veröffentlicht, die man in den Buchläden (z. B. bei *Sapienzas*, Republic Street, gegenüber dem Archäologischen Museum in Valletta) und zum Teil auch in Souvenirshops für 1 Lm erhalten kann. Neben der Wegbeschreibung wird Wissenswertes über die Inseln vermittelt. Eine Karte in der Mitte des Heftes hilft bei der Orientierung, und auch die Anfahrt zum Ausgangspunkt mit öffentlichen Verkehrsmitteln ist beschrieben. Der ›Bahrija Walk‹ im Westen der Insel ist bereits mit Wegweisern versehen. Eine Erweiterung der Serie ist geplant.

Tennisfans können sich auch an den *Vittoriosa Lawn Tennis Club,* Paola, Tel. 21 69 69 78, oder an *The Union Club,* Sliema, Tel. 21 33 20 11, wenden. Auf Gozo stellt der *Gozo Sports Complex* (s. S. 97) Tennis- und Squashanlagen sowie einen Fitnessraum bereit.

Wandern

Vor allem im Frühling, wenn die Inseln mit bunten Blumen übersät sind und die Sonne noch nicht allzu hemmungslos vom Himmel lacht, bietet sich Malta zum Wandern an. Meist genügt mittlere Kondition, gelegentlich ist Trittsicherheit gefragt. Festes Schuhwerk, ausreichende Wasservorräte und eine Kopfbedeckung sollten immer mit von der Partie sein! Es lässt sich nicht vermeiden, dass man das ein oder andere Stück des Weges auf Straßen – die allerdings meist wenig befahren sind – zurücklegt. Lobenswert sind neu herausgegeben Publikationen der *Malta Tourism Authority* (s. Kasten S. 31).

Ansonsten sind Wegweiser unbekannt – Orientierungsvermögen und ein wenig Abenteuerlust sind daher unerlässlich. Auf dem dicht besiedelten Malta kann man jedoch nicht wirklich verloren gehen. Dennoch ist es sicherer – gerade auf dem weniger bevölkerten Gozo –, sich nicht alleine auf den Weg zu machen. Sicherheitshalber sollte man jemanden, z. B. Mitarbeiter des Hotels, in seine Pläne einweihen.

Den zahlreichen Steinhäuschen in der Landschaft der beiden Inseln sollte man sich nur mit Vorsicht nähern – sie dienen den Vogeljägern (s. S. 17) während der Jagdsaison im Frühjahr und Herbst als Unterstand. Generell aber sind die Jäger Wanderern gegenüber freundlich gesonnen, sofern man sie wegen ihres Hobbies nicht beschimpft. Auch den Bauernhäusern nähert man sich wegen der – meist angeleinten – Wachhunde besser vorsichtig. Die drei Buchstaben R.T.O. (Reserved to Owner) weisen auf Privatbesitz hin, den man ausnahmslos respektieren sollte. Auch das Durchqueren von bestellten Feldern ist selbstverständlich tabu.

Windsurfen

Windsurfen erfreut sich aufgrund der ausgezeichneten Wetterbedingungen in Malta – fast immer weht eine frische Brise – immer größerer Beliebtheit. In allen Touristenorten kann man sich Ausrüstung leihen und Surfen lernen. Zu den beliebtesten Revieren gehören die St. Thomas Bay in Marsalforn sowie die Mellieha Bay und St. Paul's Bay.

Sprachführer

Malta besitzt gleich zwei Amtssprachen: Maltesisch (Malti) und Englisch. Maltesisch ist eine komplizierte Sprache, die ihre Wurzeln im Arabischen hat; viele Buchstaben werden ganz anders ausgesprochen als im Deutschen (im Buch wurde auf die Sonderzeichen verzichtet). Fast alle Malteser sprechen freilich Englisch, viele Italienisch und einige sogar etwas Deutsch.

Aussprache

aj	ai
c	k
ċ	tsch
ġ	dsch, wie in engl. jet
għ	Reibelaut im Rachen, fast nicht gesprochen
gha	langes aa
għi	ei
għu	ou, wie engl. over
h	als Längung wie in zahm
ħ	wird stark gehaucht
ie	als langes i mit leichtem Ausklang nach e gesprochen (z. B. Sliiᵉma)
q	Stimmansatz, ähnelt einem tonlosen e
w	u mit Anklang von w; wie im Englischen
v	wie deutsches w
x	sch
z	ts
ż	weiches s

Aussprache von Ortsnamen

Birżebbuġa	Birsebudscha
Borġ in-Nadur	Bordsch in-Nadur
Buġibba	Budschiba
Ċirkewwa	Tschirkeouwa
Ġgantija	Dschgantija
Għajn Tuffieha	Aain Tuffieha
Għar Dalam	Aar Dalam
Ġnejna Bay	Dschneina Bay
Luqa	Lua
Marsaxlokk	Marsaschlokk
Mdina	Imdina
Mellieħa	Melliehha
Mġarr	Im-dschar
Paceville	Patscheville
Qawra	Aura
Qbajjar	Kubaijar
Qrendi	Wrendi
Ta'Xbiex	Ta-schbiesch
Tarxien	Tarschien
Xagħra	Schaara
Xemxija	Schemschija
Xewkija	Scheoukija
Xlendi	Schlendi
Żebbuġ	Sebbudsch
Żurrieq	Surrie

Allgemeines auf Maltesisch

Willkommen	merhba
Guten Morgen	bonġu
Auf Wiedersehen	saħħa
Bitte	jekk jogħġbok
Danke	grazzi
Entschuldigung	scusi
ja / nein	iva / le (spr. lä)

... auf Englisch

Guten Tag	Hello
Guten Abend	Good evening
Gute Nacht	Good night
Auf Wiedersehen	Good bye
Wie geht's?	How are you
Danke, gut.	Fine, thank you …
bitte / danke	please / thank you
Verzeihung	sorry / excuse me
ja / nein	yes / no
mit / ohne	with / without

Zeit

Montag	monday
Dienstag	tuesday
Mittwoch	wednesday
Donnerstag	thursday
Freitag	friday
Samstag	saturday
Sonntag	sunday
Feiertag	holyday
heute	today
gestern	yesterday

morgen	tomorrow
morgens	in the morning
mittags	at noon
nachmittags	in the afternoon
abends	in the evening

Notfall

Hilfe!	Help!
Polizei	police
Arzt	doctor
Krankenhaus	hospital
Apotheke	pharmacy
Unfall	accident
Ich habe eine Panne	My car's broken down.

Unterwegs

Haltestelle	stop
Bus	bus, coach
Fahrkarte	ticket
Ausfahrt / -gang	exit
rechts / links	right / left
geradeaus	straight on
Stadtplan	street map
Auskunft	information
Vorsicht	attention / caution
Post	post office

Im Hotel

Doppelzimmer	double room
Einzelzimmer	single room
Frühstück	breakfast
Halbpension	half board
Vollpension	full board
Bettlaken	sheet
Decke	blanket
Handtuch	towel
Kissen	pillow
Schlüssel	key

Im Restaurant

Tisch	table
reservieren	book / reserve
Flasche	bottle
Glas	glass
Speisekarte	menu
Weinkarte	wine list
Vorspeise	starter
Hauptgericht	main course
Nachspeise	dessert
vegetarisch	vegetarian
Getränk	drink
Wasser (mit Kohlensäure)	(sparkling) water
Rechnung	bill

Wichtige Sätze

Wie komme ich nach …? How do I get to …?
Wie viel kostet das? How much is that?
Wo finde ich …? Excuse me, where's …?
Können Sie das aufschreiben? Could you write that down please?
Wo ist die Toilette, bitte? Where are the toilets, please?
Die Speisekarte, bitte! The menu, please!
Die Rechnung, bitte! The bill, please!
Akzeptieren Sie Kreditkarten? Do you accept credit cards?
Haben Sie noch freie Zimmer? Do you have rooms available?
Wir hatten einen Unfall. We had an accident.
Bitte rufen Sie einen Krankenwagen / die Polizei. Please call an ambulance / the police.
Können Sie mir helfen? Can you help me, please?
Lass mich in Ruhe! Leave me alone!

Auskunft

Maltesisches Fremdenverkehrsamt

... für Deutschland
Schillerstraße 3040
60313 Frankfurt a. M.
Tel. 069/28 58 90, Fax 28 54 79
info@urlaubmalta.de

... für Österreich
Opernring 1/R/5/547, 1010 Wien
Tel. 01/585 37 70, Fax 585 37 71
wien@urlaubmalta.com

... für die Schweiz
Sumatrastr. 25, 8023 Zürich
Tel. 01/350 39 83, Fax 01/350 39 84
switzerland@urlaubmalta.com

... in Malta
Die Malta Tourism Authority (info@visitmalta.com) unterhält Fremdenverkehrsbüros am Malta International Airport, in Valletta (hier beschränkt sich der Service in erster Linie auf das Verteilen von Informationsbroschüren), am Hafen von Mgarr (Gozo) und in Rabat (Victoria, Gozo). Adressen jeweils dort.

Einreise

Deutsche und Österreicher benötigen für die Einreise einen gültigen Personalausweis bzw. einen Reisepass, Schweizer eine gültige Identitätskarte bzw. Reisepass. Kinder, die nicht im Pass ihrer Eltern eingetragen sind, brauchen einen Kinderausweis. Für einen Aufenthalt bis zu drei Monaten sind Visa nicht erforderlich. Wer ein Fahrzeug mit nach Malta nimmt, benötigt die Grüne Versicherungskarte.

Zollfrei eingeführt werden dürfen: 200 Zigaretten bzw. 50 Zigarren oder 250 g Tabak, 0,75 l Wein und 0,75 l Spirituosen. Geschenke sind beim Zoll zu deklarieren. Die Mitnahme von Haustieren ist auf Grund der Quarantänebestimmungen kompliziert.

Anreise

Mit dem Flugzeug

Die schnellste und bequemste Reisemöglichkeit bietet das Flugzeug. Der Malta International Airport bei Gudja wird von fast allen Charterflughäfen der deutschsprachigen Länder aus regelmäßig angeflogen. Im Linienverkehr fliegt die Lufthansa tgl. ab Frankfurt/M., Air Malta mehrmals wöchentlich von größeren Regionalflughäfen aus.

Pauschalarrangements: Die Angebote der Reiseveranstalter, die Flug und Hotel einschließen, sind insgesamt sehr viel preisgünstiger als Individualreisen. Kurzentschlossene können auf Last-Minute-Angebote zurückgreifen, im Internet findet man sie z. B. unter www.5vorflug.de, www.Ltur.de oder www.sunclick.de. Campingflüge (ohne Hotelarrangement) sind nur dann eine preisgünstige Alternative, wenn man in Billigunterkünften wohnen möchte.

Ermäßigungen: Je nach Airline und Altersgruppe erhält man verschiedene Vergünstigungen. Kinder unter 2 Jahren zahlen 10 %, zwischen 2 und 11 Jahren 50 % des Flugpreises. LTU gewährt Jugendlichen und Studenten unter 21 Jahren 25 % Ermäßigung.

Sportgeräte: Möchte man Fahrrad, Surfbrett oder Golfausrüstung mit nach Malta nehmen, empfiehlt sich ein Charterflug. Die günstigsten Tarife für Extragepäck bietet LTU: Fahrrad 15 €, Board und Golfausrüstung je 31 €.

Ankunft am Flughafen: Bis Malta

2004 in die EU aufgenommen wird, müssen die während des Fluges verteilten Einreisekarten ausgefüllt und an der Passkontrolle abgegeben werden. Wer selbst für den Transport zur Unterkunft sorgen muss, dem stehen **Busse** (Linie 8 nach Valletta) oder **Taxis** zur Verfügung. Die Taxitarife sind an einer Tafel am Ausgang angeschlagen. Im Internet findet man sie unter www.gov.mt aufgeführt. In der Ankunftshalle befindet sich außer den Schaltern der **Autoverleihfirmen** auch eine **Touristeninformation,** die bei der Zimmersuche hilft.

Mit der Fähre

Alle Wege nach Malta führen über Italien. Von Genua (über Livorno, Palermo), Reggio di Calabria, Catania und Salerno aus bestehen Schiffsverbindungen nach Malta. Informationen über Abfahrtszeiten und Preise erhält man bei:

Neptunia: Postfach 60 08 03, 81208 München, Tel. 089/89 60 73 40, Fax 89 66 47 37, www.neptunia.de;

Seetours International: Seilerstr. 23, 60313 Frankfurt, Tel. 069/133 32 60, Fax 132 22 54, www.faehren.seetours.de.

Geld

Bis zur Einführung des Euro wird auf Malta die **Maltesische Lira** verwendet (Abk. Lm, MTL), auch als Maltesisches Pfund bezeichnet. 1 Lm unterteilt sich in 100 cents. Es gibt Geldscheine zu 2, 5, 10 und 20 Lm, Münzen zu 1, 2, 5, 10, 25, 50 cent sowie 1 Lm.
Wechselkurs im Jahr 2003: 1 Lm = 2,08 Euro = 3,22 Schweizer Franken.

Wechselbüros von Banken und **Geldautomaten** gibt es bereits in der Halle des Flughafens. In den Touristenzentren bieten neben Banken **Wechselstuben** ihre Dienste an. Sie haben länger geöffnet und geben meist bessere Kurse als Banken. Außerdem wechseln **›Quick Change‹-Automaten** ausländische Banknoten.

Neben Bargeld werden **Travellercheques** umgetauscht, für die es bessere Kurse gibt. Mit der **EC/Maestro-Karte** und **Kreditkarten** der Firmen MasterCard, VISA und American Express kann man an Geldautomaten unter Angabe der PIN-Nummer Geld abheben. Für die Benutzung der **Geldautomaten** erheben die Banken eine Gebühr, die beim Geldinstitut zu Hause abgerechnet wird.

Kreditkarten der gängigen Anbieter werden in den meisten Restaurants, Geschäften und Hotels akzeptiert.

Sicherheit

Weder auf Malta noch auf Gozo besteht besonderer Anlass, um seine Sicherheit besorgt zu sein. Nur die Gassen zwischen Republic Square und Fort St. Elmo in Valletta sowie die Gemeinde Gzira südlich von Sliema (wo sich Drogenhandel und Prostitution konzentrieren) sollte man nach Einbruch der Dunkelheit meiden. Wie überall auf der Welt ist es ratsam, Wertsachen, Kreditkarten, Ausweise und Reisedokumente nicht im Hotelzimmer herumliegen zu lassen. Auch der abgeschlossene Koffer bietet keinen wirklichen Schutz. Am besten deponiert man Wertsachen im Hotelsafe. Im Gedränge (z. B. am Busterminal in Valletta oder in den

Discos von Paceville) ist es nie verkehrt, besonderes Augenmerk auf Portemonnaie und Kamera zu richten. Autoeinbrüchen, die sich in den letzten Jahren häufen, beugt man vor, indem man nichts sichtbar im Wagen liegen lässt.

Notfall

Notruf (Polizei, Ambulanz, Feuerwehr): Tel. 112
Polizei bei Unfall: Tel. 191
Helikopter-Rettung: Tel. 21 24 43 71
Seerettung: Tel. 21 23 87 97
Pannenhilfe: Bei Pannen mit einem Mietfahrzeug muss man stets die Agentur anrufen!
Botschaft von Deutschland
Il-Piazzetta, Tower Rd., Sliema,
Tel. 21 33 65 31, Fax 21 33 39 76,
germanembassy@waldonet.net.mt
Konsulat von Österreich
43 St. Christopher Street (Triq San Kristoferu), Valletta, Tel. 21 25 53 79,
Fax 21 25 55 95,
austria@maltanet.net
Honorarkonsul der Schweiz
6/7 Triq iz-Zakkarija, Valletta,
Tel. 21 22 41 59, Fax 21 23 77 50

Telefonieren

Die öffentlichen gelben Telefonzellen funktionieren mit Münzen, die silberfarbenen mit Telefonkarten (TeleCards). Letztere erhält man für 2, 3 oder 5 Lm in den Büros von Maltacom, in Kiosken, Supermärkten und Souvenirläden. Das Telefonieren in Hotels ist teurer. Ab 21 Uhr und an Wochenenden gelten günstigere Tarife.

Alle maltesischen Nummern sind achtstellig und beginnen mit 21, Ortsvorwahlen exsistieren auf Malta nicht. Handynummern beginnen mit 79 oder 99. Handybenutzung s. S. 14.

Öffnungszeiten

Geschäfte: in der Regel Mo–Sa 9.30–13, 16–19 Uhr, in den Touristenzentren z. T. durchgehend bis 22 Uhr. Viele der Souvenirläden und Kioske sind auch sonntags geöffnet.
Post: Hauptpostamt am Castille Place, Valletta und in der Republic Street, Rabat (Victoria)/Gozo Mo–Fr 8.15–16.30, Sa bis 12.30 Uhr. Zweigstellen haben Mo–Sa 7.45–12.30 Uhr geöffnet.
Restaurants: Generell wird 12–14 Uhr Mittagessen serviert, zwischen 18 und 22 Uhr Abendessen. Mo ist oft Ruhetag.
Banken: zwischen dem 1.10. und dem 15.6: Mo–Fr 8.30–14, Sa 8.30–11 Uhr; zwischen dem 16.6. und dem 30.9. Mo–Fr 8–12.45, Sa 8–11 Uhr.
Museen: zwischen dem 1.10. und dem 15.6.: Mo–Sa 8.15–16.30, So 8.30–15.30 Uhr, zwischen 16.6. und 30.9. tgl. 7.45–14 Uhr. Letzter Einlass jeweils eine halbe Stunde vor Schließung. Museen sind an Feiertagen geschlossen.

Gesundheit

Da zwischen deutschsprachigen Ländern und Malta kein **Sozialversicherungsabkommen** besteht, ist es dringend ratsam, eine **Reisekrankenversicherung** für das Ausland abzuschließen. Nur dann erhält man die auf Malta vorausbezahlten Behandlungskosten gegen Vorlage der Rechnung erstattet. Diese Versicherungen können im Reisebüro abgeschlossen werden. Beim Abschluss der Police sollte geklärt werden, wie hoch die Selbstbeteiligung ist.

Gesundheitsversorgung: Die Versorgung ist auf europäischem Niveau und findet in den Krankenhäusern oder Gesundheitszentren (Health Centres) der Inseln statt. Sie sind wie die maltesischen Apotheken gut ausgestattet. Wer ein besonderes Medikament einnehmen muss, sollte einen ausreichenden Vorrat von zu Hause mitbringen.

Impfungen gegen Tropenkrankheiten sind nicht erforderlich. Generell ist es aber ratsam, vor Abreise seinen allgemeinen Impfschutz vom Arzt überprüfen zu lassen.

Sonnenschutz ist aufgrund der intensiven Sonneneinstrahlung (Sonnencreme, Sonnenhut und -brille) ganzjährig unerlässlich.

Behinderte

Trotz angestrebter Verbesserungen, bleibt Malta für Behinderte ein schwieriges Reiseziel. Nur wenige Sehenswürdigkeiten und Museen (darunter die Tempelanlagen von Hagar Qim, Tarxien und Ggantija, das Archäologische Museum, die Malta Experience Show sowie die St. Johannes Co-Kathedrale) sind auch für Rollstuhlfahrer zugänglich. Inzwischen haben sich einige der höherpreisigen Hotels auf Reisende mit Behinderungen eingestellt. Das Maltesische Fremdenverkehrsamt hält eine Liste mit solchen Häusern bereit. Vor Ort geben die *National Commission for Persons with Disabilities,* Triq il-Kbirea San Guzepp, Santa Venera, Tel. 21 48 77 89 und *The Association for Physically Handicapped,* Rehabilitation Centre, Corradino Hill, Paola, Tel. 21 69 38 63, Informationen.

Unterwegs auf Malta

Mit dem Bus

Die Hauptinsel verfügt über ein dichtes Busnetz, so dass man die meisten Orte und Strände gut erreicht. Auch auf Gozo werden alle Orte mit Bussen angefahren, allerdings viel seltener als auf Malta. In den Nachtstunden gilt ein eingeschränkter Fahrplan.

Zentrale Verkehrsknotenpunkte (Terminals) sind auf Malta der Platz vor dem City Gate von Valletta, auf Gozo Rabat (Victoria). An den Haltestellen fordert man die Fahrer durch Handzeichen zum Halten auf.

Buspläne sollte man stets dabei haben, da am Bus nur die Nummer, nicht die Route angezeigt wird. Am aktuellsten sind die kopierten Blätter, die man am Busterminal oder in der Touristeninformation in Valletta erhält. Auch an den Busstationen in Sliema und Bugibba, im Infobüro am Flughafen sowie in der Touristeninformation in Rabat (Victoria) auf Gozo erhält man einen Busfahrplan.

Tickets kauft man beim Fahrer (auf Malta 15–50 c, auf Gozo 59 c). Kleingeld bereithalten! Die Bustickets müssen aufgrund der häufig stattfindenden Kontrollen bis zum Ende der Fahrt aufbewahrt werden. Der Kauf eines Mehrtage- oder Wochentickets (1, 3, 5 oder 7 Tage, 1,50–5,50 Lm) kann sich lohnen. Sie sind nur auf Malta gültig und bei den Tickethäuschen an den Busterminals in Valletta, Sliema und Bugibba erhältlich. Informationen: Tel. 21 25 00 07/8/9, Fax 21 24 57 15, www.atp. com.mt.

Mit dem Taxi

Taxifahren ist auf Malta kein billiges Vergnügen! Es ist ratsam, sich vor Fahrtantritt im Hotel oder in den Touristeninformationen über den Preis für die Strecke zu informieren. Die weißen Taxis sind zwar mit Taxametern ausgestattet, die manche Taxifahrer jedoch nicht einschalten. Dann muss man sich vor der Fahrt über den Preis einigen. Solche Festpreise sind für Fahrten zum Flughafen üblich (und werden kontrolliert), ansonsten sind sie meist ungünstiger.

Tarife: Auf einer Tafel vor dem Flughafengebäude sind Tarife für Fahrten zu verschiedenen Zielen aufgelistet. Über die Tarife kann man sich auch im Internet unter www.gov.mt informieren. Da es keine zentrale Rufnummer für Taxen gibt, bestellt man sie am besten über die Hotelrezeption.

Taxiunternehmen: U. a. folgende Firmen bieten einen Taxiservice an: *Agius Tourist-Services,* Pioneer Road, Bugibba, Tel. 21 57 16 03, Fax 21 57 58 84, oder *Raymond Tourist Services,* Fountain Street, Fontana, Gozo, Tel. 21 55 11 65, Fax 21 56 01 32.

Mietfahrzeuge

In den Touristenzentren sind neben den internationalen Autoverleihfirmen auch lokale Anbieter vertreten. Auf Gozo findet man Verleihfirmen vor allem in Rabat (Victoria). Die Tarife variieren je nach Saison, sind aber im internationalen Vergleich recht günstig. In der Hauptsaison sollte man den Wagen über eine der großen Verleihfirmen von zu Hause aus frühzeitig buchen. Für einen Kleinwagen muss man dann mit ca. 85 Lm/Woche inkl. unbegrenzter Meilenzahl, Steuern, Vollkasko und Versicherung rechnen. Die Selbstbeteiligung kann durch eine Zusatzversicherung ausgeschlossen werden. Achtung: Bei Fahrlässigkeit erlischt der Schutz.

Außerhalb der Hauptreisezeit ist es preiswerter, den Wagen vor Ort zu mieten – am Flughafen, über die Hotelrezeption oder den Reiseleiter. Schon für 60 Lm/Woche inklusive erhält man einen Leihwagen.

Zum Anmieten eines Wagens muss man mindestens 21 Jahre alt und seit über einem Jahr im Besitz einer Fahrerlaubnis sein.

Zweiräder: Günstiger als Autos sind Motorroller/-räder. Bei der Kaskoversicherung wird immer eine Selbstbeteiligung zwischen 35 und 70 Lm vorausgesetzt. Helme werden oft von den Anbietern verliehen und sind in Malta Pflicht!

Verkehrsregeln: Es herrscht Linksverkehr. Auf gleichberechtigten Straßen hat Vorfahrt, wer von links (!) kommt. Überholt wird rechts. Die zulässige Höchstgeschwindigkeit beträgt innerhalb geschlossener Ortschaften 40 km/h (25 mph), außerhalb 65 km/h (40 mph). Inzwischen sind fast überall Ampeln installiert worden, dennoch findet man hier und da noch Kreisverkehre, die hier *roundabouts* heißen.

Wichtig: Die Fahrzeuge im Kreisel haben Vorfahrt, sofern Verkehrsschilder nichts anderes vorschreiben. Angesichts der mitunter schlechten Beschaffenheit der Straßen und der oft unübersichtlichen Straßenführung empfiehlt sich allgemein eine umsichtige Fahrweise.

Rushhour: In den dicht besiedelten Gebieten rund um Marsamxett und Grand Harbour wird die Geduld der Autofahrer oft auf die Probe gestellt – in den Stoßzeiten macht man am besten einen großen Bogen um diese Stadtteile!

Tankstellen haben von Okt. bis März 7–18 Uhr, von April bis Sept 7–19 Uhr geöffnet. An Sonn- und Feiertagen sind sie geschlossen, dann stehen Tankautomaten zur Verfügung, die Banknoten als Zahlungsmittel akzeptieren.

Nach Gozo

Zwischen Cirkewwa (Malta) und Mgarr (Gozo) pendelt regelmäßig eine Autofähre. Seltener verkehrt die Frachtfähre, die auch Passagiere mitnimmt (mittags ab Sa Maison, Pieta Creek im Marsamxett-Hafen, morgens ab Mgarr (Gozo). *Gozo Channel Company,* Cirkewwa, Tel. 21 58 04 35/6, Mgarr (Gozo), Tel. 21 55 61 14, Hay Wharf Sa Maison, Tel. 21 24 39 64, Fahrplaninformationen unter www.gozochannel.com.

Die Überfahrt über die ca. 6 km breite Meeresstraße zwischen Malta und Gozo dauert je nach Wetterlage ca. 25 Minuten. Für die Hinfahrt bekommt man bloß eine Boardingkarte verteilt. Erst für die Rückfahrt benötigt man ein Ticket, dass man entweder in Cirkewwa (Malta) am Ticketschalter an der Mole oder in Mgarr (Gozo) am Ticketschalter unweit der Anlegestelle erwirbt. An Bord versorgt eine Cafeteria die Passagiere mit Getränken und Snacks

Helikopter

Es gibt eine – freilich nicht ganz billige – schnelle Helikopterverbindung zwischen dem Malta International Airport und dem Gozo Heliport bei Xewkija. Auskunft und Reservierung: Tel. 21 99 91 38, Fax 21 69 24 03; auf Gozo Tel. 21 56 13 01/21 55 79 05, Fax 21 56 27 97, www.airmalta.com.

Organisierte Touren

Wer Malta nicht auf eigene Faust erkunden möchte, kann sich den in mehreren Sprachen geführten Reisegruppen anschließen. Auf dem Programm stehen eine Vielzahl von Besichtigungsfahrten zu den Highlights der Inseln. Sie bieten einen guten Überblick, mehr sollte man nicht erwarten. Diese Fahrten kann man an der Hotelrezeption oder über die verschiedenen Agenturen (Booking Offices) in den Touristenzentren buchen.

Rundfahrten: *Captain Morgan Cruises,* Sliema, Tel. 21 34 33 73, veranstaltet Rundfahrten durch Marsamxett-Hafen und Grand Harbour sowie Bootsfahrten um die Inseln, eine Unterwasser-Safari mit dem Glasboden-Boot, Jeep-Safaris auf Gozo und Oldtimer-Bus-Fahrten. Fahrten nach Comino und rund um den maltesischen Archipel veranstaltet z. B. auch *Herasails,* Tel. 21 34 74 83. Hafenrundfahrten und Touren mit einem traditionellen maltesischen Fischerboot (Luzzu) veranstaltet u. a. *Luzzu Cruises,* Tel. 21 66 57 41, Mob. 097 42 10.

Sämtliche Anbieter unterhalten direkt an den jeweiligen Anlegestellen im Marsamxett-Hafen in Sliema Stände, wo man Reservierungen vornehmen oder auch direkt die Tickets erwerben kann

Sizilien-Ausflug: Tagesausflüge mit dem Schnellboot können an der Hotelrezeption oder bei den verschiedenen Agenturen (Booking Offices) gebucht werden.

Orte vo

In Vallettas Kirchen und Palästen den Reichtum der Johanniter bestaunen oder in malerischen Hafenrestaurants die maltesische Küche genießen, in quirligen Küstenorten bis zum Sonnenaufgang tanzen oder in gozitanischen Dörfern die Festa feiern, auf mauergesäumten Wegen die Landschaft durchstreifen oder in die faszinierende Unterwasserwelt eintauchen – Malta hat für jeden

n A bis Z

Geschmack etwas zu bieten. Dieser Malta-Führer gibt Ihnen nützliche Tipps und ausgesuchte Adressen an die Hand, damit Ihr Urlaub zu einem Erlebnis wird! Und dem, der Besonderes entdecken und kennen lernen möchte, seien die fünf Touren empfohlen. Malta in kompakter, überschaubarer Form, für den, der viel sehen und nichts verpassen will …

Attard (K9)

So sehr sind das 7000 Einwohner zählende Attard und seine Nachbargemeinden Lija und Balzan miteinander verschmolzen, dass man sie nur noch die ›Drei Dörfer‹ nennt. Fernab vom städtischen Trubel, auf halbem Wege zwischen Valletta und Rabat gelegen, sind sie seit langem ein bevorzugtes Wohngebiet gut betuchter Malteser. Überall sind hübsche Villen in baumbestandenen Gärten zu sehen, einige wurden bereits im 18. Jh. errichtet.

Sehenswert

Pfarrkirche Santa Marija: Pjazza Tommaso Dingli.
Architektonisches Schmuckstück, das 1613 von Thomas Dingli erbaut wurde. Für das barockverliebte Malta eher untypisch: Es handelt sich bei diesem Gotteshaus um einen Renaissancebau.
San Anton Gardens: beim Corinthia Palace Hotel, Bus 40 ab Valletta, tgl. 7–19 Uhr, Eintritt frei.
In die kleine Parkanlage inmitten des Häusermeers zieht es die Malteser vor allem am Wochenende. Schon Großmeister Antoine de Paule wusste um die Vorzüge des Ortes und ließ hier im 17. Jh. einen Landsitz errichten. Der San Anton Palace diente später den britischen Gouverneuren als Residenz. Seit den 1970er Jahren wird er vom maltesischen Staatspräsidenten genutzt und ist deshalb nur von außen zu besichtigen.
Wignacourt-Aquädukt: Neben der Straße, die von Attard nach Santa Venera führt, sind Überreste eines Aquädukts zu sehen, den Großmeister Alof de Wignacourt in Auftrag gab und größtenteils finanzierte. Die Anlage transportierte Wasser vom Dingli-Plateau bis nach Valletta.

Feste & Unterhaltung

Festas: 6. August in **Lija** (tolles Feuerwerk!), 15. August in **Attard,** zweiten Sonntag im Juli in **Balzan** und 18. August in **Birkirkara.**

Corinthia Palace Hotel: De Paule Avenue,
Tel. 21 44 03 01, Fax 21 46 57 13,
www.corinthiahotels.com,
DZ inkl. Frühstücksbuffet 100 Lm.
Das traditionsreiche Fünf-Sterne-Hotel ist die einzige Unterkunft in der Gegend. Eingebettet in eine großzügige Gartenanlage bietet es allen erdenklichen Komfort – vom umfangreichen Wassersportangebot bis hin zum hoteleigenen Pendelbus. Das hauseigene Athenaeum-Spa bietet ein umfassendes Wellness-Programm. Ein Manko: Einige Bereiche des Hotels sind allerdings inzwischen in die Jahre gekommen und bedürften dringend einer Renovierung.

Busse: Zwischen Attard und Valletta verkehrt Bus Nr. 40.

Ziele in der Umgebung

Lija (K8/9): ca. 1 km, Bus Nr. 40. Besonders im Juni lohnt sich ein Abstecher nach Lija. Dann steht die auf die Trasfigurazzjoni Kirche zulaufende Oleanderallee in voller Blüte. Das Gotteshaus stammt aus dem frühen 18. Jh. Sehenswert ist auch die Erlöserkirche St. Saviour am Hauptplatz aus dem Jahr 1694. Der Barockbau stammt von dem maltesischen Architekten Giovanni Barbara und zählt zu seinem Frühwerk.
Birkirkara (L8/9): ca. 2,5 km nordöstlich, Bus Nr. 74 und 49. Jenseits der lauten Durchgangsstraße kann man in diesem Ort durch stille Gassen an typisch maltesischen Häusern vorbeischlendern. Wer sich für Architektur

interessiert, darf sich die von Domenico Cachia erbaute St. Helena-Kirche aus dem 18. Jh. nicht entgehen lassen. Sie gilt als eine der schönsten Barockkirchen Maltas.

Birgu (Vittoriosa) (N9)

Birgu (Vittoriosa), das mit L-Isla (Senglea) und Bormla (Cospicua) die ›Three Cities‹ bildet, trägt heute offiziell wieder seinen alten maltesischen Namen Birgu. Erst nach dem Sieg in der Großen Belagerung hatte es den Ehrentitel Vittoriosa, ›die Siegreiche‹, erhalten. Aus der Zeit des Johanniterordens, der die Ansiedlung am Grand Harbour nach einem Intermezzo in Mdina zu seinem Hauptquartier machte, sind einige imposante Gebäude erhalten (s. Tour 2, S. 110). Heute wohnen in dem 4000-Einwohner-Ort vor allem Hafenarbeiter, so bietet Birgu interessante Einblicke in die Alltagswelt der Malteser.

Sehenswert

Inquisitorenpalast: Il-Mina il-Kbira Street, im Winter Mo–Sa 8.15–16.30, So 8.15–16.15 Uhr, im Sommer tgl. 7.45–13.30 Uhr, Tel. 21 82 70 06.
Im einzigen erhaltenen Inquisitionspalast Europas kann man u. a. die Gefängniszellen und den Gerichtssaal besichtigen, wo eine niedrige Tür die Angeklagten zwang, dem Inquisitor in demütiger Haltung entgegenzutreten. Nebenan lagen die Wohnräume der Inquisitoren.

San Lawrenz-Kirche: Dockyard Creek; Eingang am linken Seitenschiff.
Die erste Kirche hier soll von den Normannen im 11. Jh. gegründet worden sein, der heutige Bau stammt aus dem 17. Jh. Wertvollste Stücke sind das Altarbild von Mattia Preti, das das Martyrium des hl. Lorenz zeigt, und die Kanzel aus Nussbaumholz. Die in der Glasvitrine ausgestellte Figur des Schutzpatrons der Kirche wird am 10. August durch die Straßen getragen. Das kleine Museum im **St. Joseph-Oratorium** an der Seite zum Misrah ir-Rebha, dem Hauptplatz, bewahrt u. a. Degen und Hut von Großmeister de la Valette. Vor der Kirche erinnert das **Freedom Monument** an den Abzug der letzten britischen Soldaten am 31.3.1979.

Fort St. Angelo: auf der Spitze der Halbinsel; Eingang über die San Filippu Street zu erreichen; Führungen nur Sa 10–14 Uhr.
Diese Anlage spielte während der Großen Belagerung von 1565 eine große Rolle, als die Johanniter sich von hier aus gegen die osmanische Übermacht verteidigten. Um zu verdeutlichen, dass es keinen Weg zurück gab, ließ der Großmeister Jean Parisot de la Valette die Brücke über den schmalen Kanal, der Fort und Festland verbindet, abreißen. Unter den Briten diente das Fort als Sitz ihres Flottenkommandos im Mittelmeer. Heute befindet sich die Festung wieder im Besitz des Malteserordens. Wenn das Haupttor offen steht, darf man sich auch ohne Führung umsehen. Der Blick auf den Grand Harbour ist einzigartig.

Auberge d'Angleterre: Majjistral Street.
In der einzigen nicht in Privatbesitz befindlichen Herberge ist heute eine öffentliche Bibliothek untergebracht. So kann man einen Blick in den Hof mit schönem Treppenaufgang werfen. In der nächsten Querstraße liegt das **Normannische Haus,** das nach seinem schönen Rundbogenfenster aus dem 13. Jh. benannt wurde.

Maritime Museum: Vittoriosa Wharf, im Winter Mo–Sa 8.15–16.30,

So 8.15–16.15 Uhr, im Sommer tgl. 8–15.30 Uhr, Tel. 21 66 00 52. Hervorragend präsentiertes Museum, das sich mit der interessanten Seefahrtsgeschichte Maltas beschäftigt.

Feste & Unterhaltung

Festa: Am 10. August zu Ehren des Schutzheiligen San Lawrenz. Besonders berühmt sind die Osterfeierlichkeiten mit der ›gelaufenen‹ Prozession.

Es gibt nur einfache Bars, die Snacks servieren: z. B. **Café du Brazil** am Vittoriosa Square, ideal zum Relaxen; **Olde City Pub,** San Lawrenz Street, beliebt bei Hafenarbeitern, und **Café Rich,** Il-Mina Street (Nähe St. John's Bastion), wo Snacks und Getränke serviert werden.

Busse Nr. 1, 2, 4 und 6 von/nach Valletta, Nr. 427 nach Marsaxlokk bzw. Bugibba (außer So und Feiertag), Nr. 627 nach Sliema bzw. Marsaxlokk.

Birzebbuga (N11/12)

Es ist wohl Ironie des Schicksals, dass ausgerechnet der einzige Ort auf Malta, der einen feinsandigen Strand vor türkisblau schimmerndem Wasser sein Eigen nennen darf, einen Containerhafen vor die Nase gesetzt bekam! Kein Wunder, dass der Tourismus in dem kleinen Ort mit 6500 Einwohnern im Südosten der Insel keine große Rolle mehr spielt. Wer sich vom Anblick der Containerschiffe und riesigen Kräne im Hintergrund jedoch nicht irritieren lässt, dem wird die Pretty Bay trotzdem gefallen. Das scheinen nicht wenige zu sein, an Sommerwochenenden ist sie jedenfalls gerammelt voll. Da es sich bei den Besuchern fast ausschließlich um Malteser handelt, bietet Birzebbuga einen unverfälschten Einblick in die Welt der Einheimischen.

Sport & Strände

Pretty Bay: feinsandiger Strand direkt beim Ort, s. o.

Southend Guesthouse: Summit Square, Tel. 21 65 84 41, Fax 21 65 47 54, B&B 5 Lm pro Person.
Wer eine einfache, saubere Unterkunft sucht, ist in diesem Guesthouse am Ende der Pretty Bay gut aufgehoben. Einige Zimmer besitzen Balkone mit Blick auf die Bucht. Im Erdgeschoss ist das auf Fisch und italienische Küche spezialisierte ›Ristorante Bellini‹ untergebracht.

Renos Guesthouse: St. Patrick Street, Tel. 21 65 11 65, B&B 5 Lm pro Person.
Einfache Unterkunft, gegenüber vom Southend Guesthouse, etwas abseits der Pretty Bay gelegen.

Seabreeze Hotel: Pretty Bay, Tel. 21 65 12 56, Fax 21 68 48 98, DZ/F 17 Lm.
Direkt an der Pretty Bay gelegen, bietet das 3-Sterne-Hotel (60 Betten) Unterkunft für jene, die abseits der Touristenströme wohnen möchten. Angeschlossen ist ein Restaurant.

Al Fresco Restaurant: St. Georges Bay (am Ortsende an der Straße nach Tarxien), Tel. 21 65 34 22, Pizza ca. 3 Lm.
Schlichtes Restaurant mit einer großen, zur Bucht hin gelegenen Terrasse. Das bei maltesischen Familien beliebte Restaurant serviert Fisch- und Fleischgerichte, Pasta und Hamburger. Am besten schmeckt die Pizza. Lecker sind auch die Eisbecher. Kinderfreundlich.

Bus: Nr. 11 von und nach Valletta.

Ziele in der Umgebung

Borg in-Nadur (N11): nördlich von Birzebbuga (ca. 1 km). Zunächst stößt man auf Überreste eines kleinen Megalithtempels. Folgt man dem Feldsaum am Rand des Tals nach Norden, trifft man bald auf rudimentäre Relikte einer bronzezeitlichen Siedlung.

Ghar Dalam (N11): links der Straße nach Tarxien, ca. 1 km vor Birzebbuga; Busse nach Birzebbuga halten direkt vor dem Eingang, Tel. 21 65 74 19, Winter: Mo–Sa 8.30–16.30, So 8.30–15.50 Uhr, Sommer: tgl. 7.30–13.30 Uhr, Eintritt 1 Lm.

In der Höhle von Ghar Dalam stieß man bei Ausgrabungen im 19. Jh. auf Tierknochen und Spuren von menschlichen Behausungen. Die unterschiedlichen Schichten des Grottenbodens dokumentieren eindrucksvoll die erdgeschichtliche Entwicklung der Insel. Das angeschlossene kleine **Museum** zeigt einen Teil der Knochenfunde (s. Tour 1, S. 108).

Ghar Hasan (N12): Die Höhle liegt südlich von Birzebbuga (3 km) hoch über dem Meer. Ein unterirdischer Flusslauf hat sie in den Felsen gewaschen (für Menschen mit Klaustrophobie nur bedingt geeignet). Nach einigen Metern endet sie abrupt an einem Felsenfenster, das einen herrlichen Ausblick über die Steilklippen bietet. Die Höhle erreicht man zu Fuß (ausgeschildert) oder mit dem Wagen über die stark befahrene Straße in Richtung Südküste. Am Parkplatz kann man gegen eine geringe Gebühr Taschenlampen leihen.

Bugibba/Qawra (J6)

Wer zum Schwimmen und Relaxen nach Malta kommt, ist in Bugibba und Qawra, Maltas zweitgrößtem Touristenzentrum, gut aufgehoben. Die schönsten Strände liegen nur einen Katzen-

Junger Angler bei Bugibba

sprung (bzw. eine kurze Busfahrt) entfernt. Der Inselnorden bietet überdies reizvolle Wandermöglichkeiten. Allzu hohe ästhetische Ansprüche darf man an sein Standquartier allerdings nicht stellen: Beide Orte sind planlos aus dem Boden gestampfte Ansammlungen gesichtsloser Hotelbauten. Grünanlagen? Weitgehend Fehlanzeige! Stattdessen vergammelte Apartmenthäuser, brachliegende Grundstücke, staubige Straßen. Je nach Wetterlage weht auch noch der beißende Gestank der nahe gelegenen Mülldeponie von Maghtab herüber. Ein Schritt in die richtige Richtung ist die Neugestaltung der Uferpromenade und der Pjazza tal-Bajja, des Zentrums von Bugibba/Qawra.

Sport & Strände

Baden: Am Ort gibt es nur einen Mini-Strand an der Pjazza tal-Bajja; sonst kann man von den Plateaus der Felsküste aus baden. Zahlreiche Lidos bieten dort Snacks, Getränke und laute Musikbeschallung. Doch bis zu den schönen Sandstränden von Ghajn Tuffieha (s. S. 51) und der Mellieha Bay (s. S. 61) ist es nicht weit.

Sunny Coast Leisure Club: Freizeit- und Fitnesszentrum des Sunny Coast Resort Club (s. S. 47), für das man Tages- oder Wochenmitgliedschaft erwerben kann.

Tauchschulen

Octupus Garden: New Dolmen Hotel Beach, Qawra, Tel./Fax 21 58 25 86, sharkman@orbit.net.mt.

Maltaqua: Triq il-Mosta,
Tel. 21 57 18 73, Fax 21 58 00 64, maltaqua@pobox.com.

Dive Deep Blue: 100 Triq Annanija, Bugibba, Tel./Fax 21 58 34 95, diveblue@digitate.net.

Subway Scuba Diving School: Pioneers Road, Tel. 21 57 29 97, Fax 21 57 70 86, www.subwayscuba.com (unterhält auch eine Zweigstelle auf Comino).

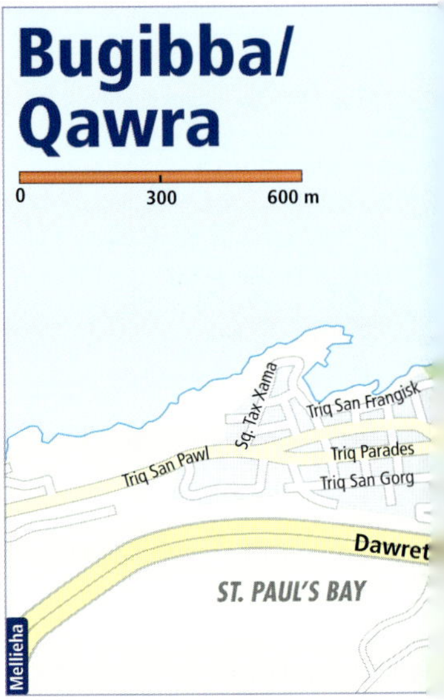

Einkaufen

Rund um die Pjazza tal-Bajja **Souvenirshops** und **Schmuckläden** noch und nöcher.

Ausgehen

Neben den Discos der besseren Hotels gibt's noch eine Reihe anderer Nightspots:

Incognito: Triq il-Fliegu. Live-Musik und Kabarett.

Miracles: Pjazza tal-Bajja (Bay Square). Café-Bar, abends Disco.

Fuego: Qawra Coast Road. Music-Bar mit Schwerpunkt Salsa und Latin, teils open-air, teils überdacht.

Oracle Casino: Dawret il-Gzejjer (L-Islet Promenade), Tel. 21 57 00 57. Kein Krawattenzwang, aber gepflegte Kleidung und Pass erforderlich, da Eintritt erst ab 18 gestattet.

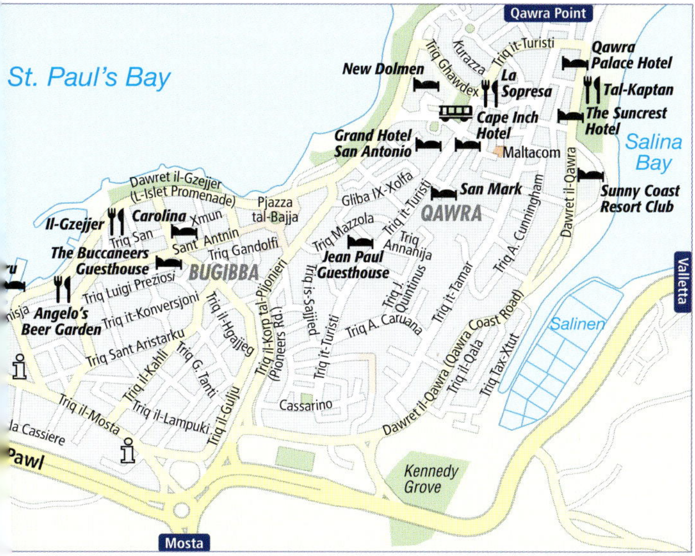

Empire Cinema Komplex: Pioneers Road, Tel. 21 58 19 09.
Hier kann man die neusten Filme (in englischer Sprache) sehen.

Qawra ist eine typische Ferien-Urbanisation der 1970er Jahre, die fast nur aus Hotels besteht. Die meisten unterscheiden sich kaum voneinander und lassen auch sehr an Charme vermissen.

The Buccaneers Guesthouse: Gulju Street, Bugibba, Tel./Fax 21 57 16 71, B&B 7 Lm pro Person. Nettes, sauberes Guesthouse in zentraler Lage. Eine gute Adresse für Reisende mit schmalem Geldbeutel.

Jean Paul Guesthouse: Kavetta Street, Bugibba, Tel. 21 57 61 42, Fax 21 57 61 42, LilianaM@orbit.net.mt, B&B 7 Lm pro Person.
Einfache, aber ordentliche Zimmer auch für Familien. Zum Guesthouse gehören ein Restaurant und eine Bar.

Sunny Coast Resort Club: Qawra Coast Road, Qawra, Tel. 21 57 29 94, Fax 21 57 68 20, www.waldonet.net.mt.
Einfache Apartments für Selbstversorger, mehrere Pools, großzügiges (Wasser-)Sportangebot im Sunny Coast Leisure & Fitness Club.

Cape Inch Hotel: Triq il-Merluzz, Qawra, Tel. 21 57 20 25, Fax 21 57 03 51, www.capeinchhotel.com, B&B 17 Lm. Sauberes Familienhotel mit ansprechend gestalteten Zimmern.

Hotel San Mark: Triq il-Konz, Qawra, Tel. 21 57 20 27, Fax 21 57 52 28, www.roosendaal.com.mt, DZ 18 Lm. Zu Beginn der 1990er Jahre renoviertes, überschaubares Hotel mit sauberen, schlicht möblierten Zimmern.

Carolina Hotel: Triq San Antnin, Bugibba, Tel. 21 57 15 34, Fax 21 57 36 02, www.carolinahotel.com.mt, DZ 40 Lm.

Busfahren auf Malta

Das Erkunden der Insel mit den öffentlichen Bussen (s. S. 37) gehört zu den besonderen Erlebnissen auf Malta. Auch wenn immer mehr brandneue Busse eingesetzt werden, rekrutiert sich das Gros noch immer aus museumsreifen Oldtimern. Um das persönliche Wohl muss man sich dennoch keine Sorgen machen, gilt der Bus doch als das sicherste maltesische Verkehrsmittel. Etwas Geduld ist allerdings nötig – besonders zur Rushhour steckt auch der Bus in den Ballungszentren im Stau fest.

Funktionaler Bau aus den 1970er Jahren mit ordentlichen Zimmern, zwei Schwimmbädern und Restaurant.

New Dolmen: Dawret il-Gzejjer (L-Islet Promenade), Qawra, Tel. 21 58 15 10, Fax 21 58 15 32, ndhmalta@vol.net.mt, B&B 50 Lm. Großzügig gestaltete Hotelanlage mit knapp 400 Zimmern. Mehrere Swimming-Pools, Sauna, Disco und zahlreiche Sportmöglichkeiten. Das besondere Plus: Im Garten liegen die Reste eines Megalithtempels!

The Suncrest Hotel: Qawra Coast Road, Tel. 21 57 71 01, Fax 21 57 61 66, joseph tonna@suncresthotel.com, www.suncresthotel.com, DZ 50 Lm. Riesige Hotelanlage mit einem enormen Sportangebot (Tennis, Squash, Fitnessraum, Wassersport und Tauchen) sowie Bars und einem Nachtclub.

Grand Hotel San Antonio: Triq it-Turisti, Tel. 21 58 34 34 , Fax 21 57 24 81, www.accorhotels.com. Neues 4-Sterne-Hotel der französischen Hotelgruppe Mercure/Coralia, das sich mit seiner ansprechenden Gestaltung und den großzügig angelegten Zimmern wohltuend von anderen Hotels dieser Kategorie abhebt. Umfassendes Sport- und Wellness-Angebot.

Il-Gzejjer: Bognor Beach Street, Bugibba, Tel. 21 57 23 77, tgl. 10–18, 19–24 Uhr, maltesische Sandwiches 1,50 Lm. Einfaches Restaurant, das englisches Frühstück und lokale Küche bietet.

Angelo's Beer Garden: 29 Dawret il-Gzejjer (Islet Promenade), Tel. 21 57 34 19, tgl. 18–24 Uhr, Spaghetti 2,50 Lm. Beliebtes, unprätentiöses Restaurant, in dem man abends manchmal mit Live-Musik unterhalten wird.

La Sopresa: Triq it-Turisti, Bugibba, Tel. 21 57 73 01, tgl. 18–23 Uhr, Fisch 4 Lm. In dem rustikalen Restaurant werden italienische Klassiker wie Pizza und Pasta sowie Fischgerichte serviert.

Tal-Kaptan: Qawra Coast Road, Qawra, Tel. 21 57 71 01, tgl. 18.30–23.30 Uhr, Pizza 2,95 Lm. Sehr populäre Pizzeria. Empfehlenswert ist die Terrasse über den Pools des Sun Crest Hotels und der Salina Bay. Innen ist es zwar etwas nüchtern, doch das wird durch die gute Pizza wieder wettgemacht.

Venus: 1 Gandolfi Street, Tel. 21 57 16 04, Fisch-/Fleischgerichte ca. 5,50 Lm. Innovative internationale und maltesische Küche, die sich wohltuend von dem sonstigen 08/15-Einerlei abhebt.

Busse: Die Busstation liegt hinter dem Hotel New Dolmen an der Triq it-Turisti. Sliema erreicht man mit Bus Nr. 70 und 652, Valletta mit Bus Nr. 49 und 58, Rabat mit Bus Nr. 86 und Ghajn Tuffieha mit Bus Nr. 51 und 652. Mit Bus Nr. 48 gelangt man zur Mellieha Bay und zum Fähranleger von Cirkewwa. Bus Nr. 627 fährt als *direct service* (ohne Umsteigen in Valletta) über Sliema und Birgu (Vittoriosa) nach Marsaxlokk, Nr. 427 direkt über San Anton Gardens nach Marsaxlokk.

Buskett Gardens (J10)

Der Name der idyllischen Parkanlage südöstlich von Rabat geht auf das italienische Wort *boschetto* (›Wäldchen‹) zurück. Mehr als ein Wäldchen sollte der Besucher auch nicht erwarten. Nichtsdestotrotz ziehen Wochenende für Wochenende Malteser mit Kind und Kegel hierher, um zwischen Zitronen- und Olivenbäumen zu picknicken. Die kleine Oase haben sie den Johannitern zu verdanken, die das Areal im 16. Jh. als Jagdrevier anlegen ließen. Hier wurde der berühmte Malteser Falke gefangen, den der Orden alljährlich Kaiser Karl V. als symbolische Lehensgabe überreichen musste.

Der **Verdala Palace** (16. Jh.), der sich weithin sichtbar über den Baumwipfeln erhebt, diente früher den Großmeistern als Sommerresidenz. An diese Tradition knüpft der jeweilige Staatspräsident Maltas an. Weilt er im Palast, weht die rot-weiße maltesische Flagge auf dem Dach. Befindet sich Staatsbesuch auf Malta, dann werden in dem altehrwürdigen Anwesen Empfänge gegeben. Für die Öffentlichkeit ist der Palast nicht zugänglich.

Feste & Unterhaltung

Mnarja-Lichterfest (s. S. 20) am 29. Juni.

Einige **Busse** der Linie 81 halten in Buskett. Nachfragen!

Comino (F/G4)

Jahrhundertelang diente das karge Inselchen Comino auf halbem Wege zwischen Malta und Gozo, auf dem heute drei Menschen wohnen, in erster Linie Piraten als Unterschlupf (s. Tour 3, S. 112) – kaum verwunderlich, denn die Insel besitzt viele natürliche Häfen und eine Steilküste mit tiefen Höhlen.

Heute ist das Eiland besonders wegen der Blauen Lagune, in deren türkis schimmerndem Wasser man herrlich baden kann, ein populäres Ziel. Im Sommer wimmelt es in dem Meeresarm zwischen Comino und dem vorgelagerten Felsen Cominotto von Ausflugsbooten und Yachten.

Aber auch außerhalb der Badesaison lohnt sich die Überfahrt. Dass auf Comino im Frühjahr besonders viele Blumen blühen, mag man zu anderen Zeiten nicht glauben. Auf Sandwegen, die kreuz und quer über die Insel führen, kann man schön spazieren gehen und dabei die herrlichen Ausblicke nach Gozo und Malta genießen. Mit entsprechendem Schuhwerk lassen sich auch die Steilklippen im Norden der Insel erkunden.

Wichtig: Auf Comino verkauft nur in der Saison ein Imbisswagen an der Blauen Lagune Getränke und Eis. Schatten ist ebenfalls Mangelware. Wasserflaschen und Sonnenschutz dürfen also auf keinen Fall fehlen!

Sport & Strände

Santa Marija Bay: Ein schmaler Sandstreifen unter Tamarisken lädt zum Ausruhen und Schwimmen ein. Allerdings ist das Wasser hier nicht so spektakulär wie in der Blauen Lagune. Ein hübsches Fotomotiv bietet die ungewöhnliche kleine Kirche, deren Architektur und kalkweißer Anstrich an mexikanische Kapellen erinnert.

San Niklaw Bay: Der kleine Sandstrand ist den Gästen des Comino Hotels vorbehalten.

Highlight 1

Blue Lagoon: Am handtuchgroßen Sandstrand der Blauen Lagune oder auf der betonierten Bootsanlegestelle ein Plätzchen zu ergattern ist zumindest im Sommer fast ausgeschlossen. Eine Ausweichmöglichkeit bietet das Felseninselchen **Cominotto,** zu dem man allerdings schwimmen muss.

Tauchschule: *Comino Dive Centre,* Tel. 21 57 03 54, Fax 21 57 70 86, www.cominodivecentre.com, Zweigstelle der Subway Scuba Diving School in Bugibba.

Renommierte Tauchschule, für Anfänger und erfahrene Taucher.

Comino Hotel: Tel. 21 52 98 21, Fax 21 52 98 26, www.cominohotels.com, nur April–Okt. geöffnet, DZ/F/Abendessen 56 Lm.

Das an der San Niklaw Bay gelegene Hotel mit Bungalowanlage ist der ideale Rückzugsort für Leute, die auf Trubel weitgehend verzichten können. Ein umfangreiches Sportangebot sorgt aber dafür, dass dennoch keine Langeweile aufkommt. Ein hoteleigenes Boot, das zwischen Malta, Gozo und Comino pendelt, sorgt für die Verbindung zur ›Außenwelt‹. **Tagesausflügler** können nach Voranmeldung für 12 Lm (wochentags) und 14 Lm (Sa, So) den Hotelstrand sowie Liegen und Sonnenschirme nutzen. Im Preis enthalten sind der Bootstransfer, ein Mittagessen sowie die Benutzung der Sportanlagen (Tennisplatz, Tauchschule).

Das **Boot des Comino Hotels** pendelt von März bis Oktober mehrmals täglich zwischen Comino, Malta (Cirkewwa) und Gozo (Mgarr) hin und her. Auch Nicht-Gäste können diesen Service für 2 Lm (Hin- und Rückfahrt) nutzen, Hotelgäste werden allerdings vorrangig bedient. Die Tickets erhält man nach Ankunft in der Hotelrezeption.

Ausflugsboote: Von Cirkewwa (Marfa-Jetty an der Ramla Bay) und Mgarr (Gozo) verkehren mehrmals täglich kleine Boote nach Comino. Zahlreiche Veranstalter bieten Bootsfahrten nach und rund um Comino an, z. B.: *Captain Morgan,* Tel. 21 34 33 73, oder *Xlendi Pleasure Cruises,* Tel. 21 55 99 67, Fax 21 55 56 67.

Ghajn Tuffieha (G7)

Am südwestlichen Ende des fruchtbaren Pwales Valley erwarten den Besucher die schönsten Buchten der Hauptinsel: die Golden Bay sowie die benachbarte, ursprünglichere Ghajn Tuffieha Bay. Allerdings: Geheimtipps sind beide Strände längst nicht mehr. Im Sommer ist es entsprechend voll. Anstelle des Golden Sands Hotel wird derzeit – ein wenig von der Bucht zurückgesetzt – ein neues Hotel gebaut.

Sport & Strände

Golden Bay: Der feinsandige Strand ist besser erschlossen als die Nachbarbucht. Außer Liegestühlen und Sonnenschirmen wird auch Wassersport angeboten (Paragliding, Banana Riding,

Surfboards, Tretboote). Die Snackbar Apples Eye sorgt z. B. mit sehr leckeren Pizzen fürs leibliche Wohl. Die Plätze auf der schönen Terrasse sind heiß begehrt. Im Sommer scheint hier halb Malta versammelt.

Highlight 2

Ghajn Tuffieha Bay: Zum ebenfalls sehr feinen Sandstrand steigt man über eine Treppe hinab. Glasklares Wasser, ein feiner Sandstrand in einer geschützten Bucht gerahmt von hoch aufragenden Hängen machen den Reiz dieses Fleckchens aus. Hier geht es etwas ruhiger zu als in der Golden Bay. An windigen Tag sollte man sich aufgrund tückischer Strömungen nicht allzu weit hinaus wagen.

Reiten: In der Nähe der Bushaltestelle an der Golden Bay befindet sich *Golden Bay Horse Riding,* der Ausritte in die landschaftlich reizvolle Umgebung der Bucht anbietet (Tel. 21 57 33 60).

Hal Ferh Holiday Village: Ghajn Tuffieha, Tel. 21 57 38 83, Fax 21 57 38 88, www.hal-fehr.com, DZ 27 Lm. Das Angebot der Ferienanlagen umfasst über 200 Zimmer und eine Anzahl von Bungalows. Animation und Sport werden hier groß geschrieben. Ideal für Familien mit Kindern.

Busse: Verbindung von/nach Valletta: Nr. 47 über Mosta und Mgarr sowie Nr. 52 über St. Paul's Bay. Nr. 652 von Sliema nach Bugibba. Im Sommer von Bugibba mit Linie 51. Zur

Glasklares Wasser garantiert auf Malta ungetrübte Badefreuden

Gnejna Bay nach Mgarr mit Bus 47, dann zu Fuß weiter (ca. 2 km).

Ziele in der Umgebung

Roman Baths (G7): Rechts der Straße, die von Ghajn Tuffieha nach Mgarr führt (ca. 1 km), haben sich Fundamentreste einer Badeanlage aus römischer Zeit erhalten, die von der aufwendigen Badekultur der Römer zeugen. Man kann die Anlage in der Regel vor- und nachmittags besichtigen.

Mgarr (G/H8): Das Örtchen Mgarr (Bus Nr. 47) wird von einer gewaltigen Kuppelkirche überragt, die im Volksmund auch als ›Egg Church‹ bezeichnet wird, da der Bau u. a. durch den Verkauf von Eiern finanziert wurde. Am Ortseingang (ausgeschildert) liegen die Überreste des Megalithtempels **Ta'Hagrat.** Die zwei kleeblattförmigen Tempel sind auf ungewöhnliche Weise miteinander verwoben. Die Tempelfassade und der Bodenbelag im Eingangsbereich sind weitgehend original erhalten. Rätsel geben die Treppenstufen zwischen den beiden Tempeln auf. Führten sie zu einer Kammer auf der breiten Außenmauer oder ermöglichten sie Zugang zum Dach des Tempels? Ein Besuch des Tempels muss zuvor beim Archäologischen Museum in Valletta (s. S. 84) angemeldet werden.

Gnejna Bay (G8): Man erreicht den kleinen Strand von Mgarr aus mit dem Auto oder zu Fuß in etwa 15 Min. Dort baden vor allem Malteser.

Zebbiegh (H8): Auch das Nachbardörfchen Zebbiegh kann Reste einer neolithischen Tempelanlage vorweisen. Der nur spurenweise erhaltene Skorba-Tempel liegt in der Nähe der Straße nach Ghajn Tuffieha (ausgeschildert). Besuche müssen zuvor beim Archäologischen Museum in Valletta (s. S. 84) angemeldet werden.

The Gaia Foundation (G7): Neben der Snackbar ›Apples Eye‹ gelegenes, sehr engagiertes Umweltschutzprojekt. Besucher sind Mo–Sa zwischen 8 und 15 Uhr willkommen. Auch der auf den Klippen thronende Wachturm aus den Tagen der Johanniter-Herrschaft befindet sich im Besitz der Initiative. Hier soll demnächst ein Besucherzentrum untergebracht werden. In der Baumschule erfährt man viel Interessantes über Pflanzen und Bäume, die einst auf Malta heimisch waren und die von der Organisation wieder angepflanzt werden. Führungen nur auf Englisch.

Highlight 3

Hagar Qim (K11)

Die Tempel von Hagar Qim zählen zu den bedeutendsten Sehenswürdigkeiten Maltas. Ebenso wie der etwas unterhalb gelegene Mnajdra-Komplex beeindruckt die Stätte durch ihre einsame Lage über der südöstlichen Steilküste der Insel.

Sehenswert

Tempelbesichtigung: im Winter Mo–Sa 8.15–16.30, So 8.30–15.30 Uhr, im Sommer tgl. 7.45–14 Uhr.

Man betritt den Tempelkomplex aus der Zeit um 3000 v. Chr. (s. Tour 1, S. 108) durch ein Trilithtor aus zwei vertikalen Steinblöcken und einem horizontalen in der rekonstruierten Mauer.

In den kleeblattförmigen Räumen sind Repliken verschiedener Altäre zu sehen, die mit bildlichen Darstellungen und aufwendigen Punktdekoren versehen sind. Als Fenstersteine bezeichnet man Steinplatten mit quadratischen Aushöhlungen, die als ›Tür‹ zwischen zwei Räumen dienten.

Eine Tempelwand weist ein Loch auf, das von den Archäologen als Orakelloch gedeutet wird. Vermutlich saß die Tempelgemeinde in dem kleinen Raum, während ein Priester von außen Weissagungen durch das Loch sprach. Die ovalen Seitenräume, die wabenartig an den Haupttempel angebaut wurden, dürfen inzwischen nicht mehr betreten werden. Dienten sie der Priesterkaste als Wohnräume? Umrundet man den Tempelkomplex, fallen die mächtigen Steine aus hartem Korallenkalk auf, aus denen die Außenmauer gefügt wurde. Einer der Steine ist 6 m lang, 3 m hoch und 60 t schwer!

Mnajdra-Tempel: Über einen Plattenweg erreicht man von Hagar Qim nach ca. 500 m die Tempelanlage von Mnajdra. Sie besteht aus zwei nebeneinander liegenden Komplexen mit eigenen Eingängen, aber einer gemeinsamen Fassade. Der Baubeginn des westlichen Tempels wird auf 3600 v. Chr. datiert. Während die Außenmauer aus hartem Korallenkalk geschaffen wurde, verwendete man im Inneren den weichen Globigerinenkalk. Das Innere wird durch Trilithnischen und einen Fensterstein geprägt, der zu einer kleinen Nische führt. Rätsel gibt die quadratische Öffnung in der Wand der rechten Nische auf. Handelt es sich um ein Orakelloch? Beeindruckend sind die exakte Fügung der Steine und die feinen Punktdekorationen. Durch ein weiteres Trilithtor tritt man in das Allerheiligste.

Jünger ist der östliche Tempel aus der Zeit um 2800 v. Chr. Auch hier fasziniert die genaue Bearbeitung der Steinplatten, aus denen die Wände gefügt sind. Rechts dieses Tempels erkennt man noch die rudimentären Überreste eines einzelligen Tempelchens. Auch wenn es sich bei den Mauern wahrscheinlich um eine Rekonstruktion handelt, lässt die einzellige Form darauf schließen, dass dieses Tempelchen noch älter ist als die beiden anderen Kulträume.

Bus Nr. 38 von Valletta über Zurrieq nach Hagar Qim und zurück. Bus Nr. 138 über Qrendi, Hagar Qim und Zurrieq nach Valletta. Von Qrendi Bus Nr. 35 nach Valletta.

Ziele in der Umgebung

Qrendi (L11): Das hübsche Örtchen Qrendi, das eine eine barocke Dorfkirche besitzt, lohnt beim Besuch der Tempel von Hagar Qim durchaus einen Abstecher. Das Patronatsfest wird am 15. August gefeiert. Rund um Qrendi trifft man immer wieder auf Steinbrüche, in denen der hellgelbe Globigerinenkalk abgebaut wird (s. Tipp S. 75).

Marsaskala (O/P10)

Am Ende der gleichnamigen schmalen Bucht gelegen, hat sich das einst überschaubare Dorf Marsaskala zu einer ansehnlichen Gemeinde mit 3000 Einwohnern gemausert. Immer weiter dehnt sich das Häusermeer in Richtung St. Thomas Bay aus: Viele Malteser besitzen hier Ferienhäuser. Auf Hochhausbauten hat man zum Glück verzichtet. Schon seit langem lebt der Ort in erster Linie vom Tourismus, dennoch geht es hier noch beschaulicher zu als in anderen Ferienzentren der Insel. Am schönsten ist die neu angelegte Uferpromenade, auf der man von der Ortsmitte bis zum Hotel Jerma Palace am Ende der Bucht bummeln kann. Die Uferzeile im Ortskern hat in letzter Zeit gelitten – abgesehen von dem langsam vor sich hin gammelnden Abrisshaus nehmen mehr und mehr Take-aways und Snackbars die Plätze von Restaurants ein. Die Sie richten sich vor allem an die jugendlichen Nachtschwärmer, die nach einer durchtanzten Nacht den Hunger stillen wollen. Dennoch existieren einige gute Restaurants in Marsaskala, die auch viele Einheimische anlocken. Die weit geschwungene St. Thomas Bay vermittelt mit ihren einfachen Fischerhäuschen einen Eindruck davon, wie Malta vor dem Massentourismus aussah. Hier trifft man fast nur auf Einheimische. An windigen Tagen wissen auch Surfer die Bucht zu schätzen.

Sport & Strände

In der **Marsaskala Bay** kann man nur über Felsplateaus ins Wasser steigen. Gleiches gilt für die nahe **St. Thomas Bay,** wo man auch ein Lido (Snacks, Getränke) findet.

Tauchkurse bietet *Sport-Diving,* il-Qalit Street, Fax 21 66 26 47, Büro auch im *Hotel Jerma Palace,* Tel. 21 63 92 92.

Ausgehen

Oblivion und X Generation: Zwei Discos an der Triq tal-Gardiel; beide sind bei Einheimischen und Urlaubern gleichermaßen populär und werden ab Mitternacht richtig voll. In der selben Straße gibts auch ein **Kino:** *Sun City Cine Palais,* Tel. 21 63 28 58.

Feste & Unterhaltung

Festa: Am 26. Juli oder am Sonntag danach feiert Marsaskala die Dorfheilige St. Anne.

Piccolo Mondo: il-Qalit Street, Tel. 21 63 97 09, B&B 5 Lm pro Person.
Einfaches, sauberes Guesthouse für Reisende mit schmalem Geldbeutel.

Alisons: Vajrita Street, Tel. 21 63 98 14, Fax 21 63 75 93, B&B 5,50 Lm pro Person.
Zentral gelegene Unterkunft, die von einer sehr zuvorkommenden Familie geleitet wird.

Etvan Hotel: il-Bahhara, Tel. 21 63 23 23, Fax 21 63 43 30, etvan@oberonlabs.com, DZ 15 Lm.
Kleines Hotel mit einfachen, sauberen Zimmern. Von den Balkonen einiger Zimmer bietet sich ein schöner Blick auf die Marsaskala Bay. Außerdem befinden sich ein hauseigener Swimming-Pool mit Meerwasser sowie eine großzügige Sonnenterrasse auf dem Dach. Die Zimmer zur Straße sind allerdings recht laut.

Ramla Lodge: St. Thomas Bay, Tel. 21 63 75 96, Fax 21 63 41 95, www.rlh.com.mt, DZ 15 Lm.
Etwas außerhalb von Marsaskala an der St. Thomas Bay gelegenes Hotel mit Swimming-Pool und hübscher Gartenanlage.

Jerma Palace Hotel: it-Torri Street, Tel. 21 63 32 22, Fax 21 63 94 85, DZ/F 35 Lm.
Das Ende der 1970er Jahre errichtete 4-Sterne-Hotel ist das erste Haus am Platz, die Zimmer wurden 2002 renoviert. Dank der geschickten Anlage bieten fast alle 350 Zimmer Meerblick. Sportlich Aktive kommen auf ihre Kosten: Im Sommer werden Tauchen, Windsurfen und Wasserski angeboten, zudem kann man Motor-, Tret- und Paddelboote mieten.

Fishermen's Rest: St. Thomas Bay, Tel. 21 63 20 49/21 65 37 63, Di–Fr und So 12–15, Fr, Sa auch 19–23 Uhr, Mo geschl., Fisch ca. 4 Lm.
Einfaches, rustikales Fischrestaurant, zwischen Fischerhütten in der St. Tho-

mas Bay gelegen. Vor allem Einheimische pilgern hierher. Spezialität: Tintenfisch mit Knoblauch!

Terra e Mare: 117 Pjazza Dun Tarcisio Agius, Tel. 21 63 94 60, Spaghetti ca. 2 Lm.
Kleines, empfehlenswertes Restaurant mit leckeren italienischen Speisen.

Il Re del Pesce: Id-Dahla ta San Tumas Street, Tel. 21 63 63 53, tgl. 12–14.30, 19.30–22.30 Uhr, Fisch 4–5,50 Lm.
Natürlich dreht sich hier alles um Fisch – fast alles, denn es gibt auch leckere Pastagerichte. Am Wochenende geht's hoch her; Reservierung erforderlich.

Sottovoce: 29 Marina Street, Tel. 21 63 26 69, Mo–Fr 12–15, 19–22 Uhr, Sa und So nur 19–23 Uhr, im Winter So nur 12–14 Uhr, Fleisch-/Fischgerichte 5 Lm.
Nach Abschluss der Renovierungsarbeiten (bei Drucklegung noch nicht absehbar) hoffentlich wieder so gut wie eh und je.

Gabriels: Pjazza Mifsud Bonnici, Tel. 21 63 41 94, Mo 7–22 Uhr, Di–Sa 12–14 Uhr, 19–22 Uhr, gemischte Fischplatte 5–6 Lm.
Immens populäres Restaurant, geschätzt wegen seiner ausgezeichneten Fischgerichte.

Busse Nr. 19 und 20 von/nach Valletta, Nr. 22 von/nach Bormla über Zabbar.

Ziele in der Umgebung

Über die St. Thomas Bay erreicht man auf Feldwegen und wenig befahrenen Straßen **Peter's Pool (O12)** auf der Delimara-Halbinsel (ca. 8 km), eine der schönsten Felsbuchten Maltas (s. u.).

Zabbar (N9/10): Die Ortschaft zwischen Valletta und Marsaskala (ca. 2,5 km, Bus Nr. 18, 19 und 21) nennt mit der Kirche Our Lady of all Graces ein prachtvolles Gotteshaus ihr Eigen. Im kleinen Sanctuary Museum sind verschiedene Stücke aus der Zeit der Johanniter zu sehen (So 9–12 Uhr, sonst nach Anmeldung, Tel. 21 82 43 83).

Highlight 4

Marsaxlokk (N/O11)

Eine Bucht, in deren türkisfarbenem Wasser eine Armada bunter Fischerboote dümpelt, dahinter ein Meer von honigfarbenen Häusern, die nur von der Doppelturmfassade der Pfarrkirche überragt wird – nicht ohne Grund gilt Marsaxlokk als das malerischste Fischerdorf Maltas (s. Tour 1, S. 108). So viel Attraktivität hat sich herumgesprochen: Besonders um die Mittagszeit brummt es vor Tagesausflüglern, die die Fischrestaurants stürmen. Aber auch der Markt, der direkt an der Uferpromenade des 3000-Einwohner-Ortes abgehalten wird, wirkt sich wie ein Magnet aus. Am Schlot des Elektrizitätswerks auf der Delimara-Halbinsel sowie an den Kränen des Containerhafens von Kalafrana im Hintergrund scheint sich niemand wirklich zu stören. In den Abendstunden finden vor allem Einheimische hierher, um mit Familie und Freunden zu speisen und entlang der Uferpromenade zu flanieren.

Strände

Baden: Per Pedes erreicht man auf wenig befahrenen Straßen und Feldwegen in ca. 45 Min. **Peter's Pool.** Die kleine Felsenbucht mit ihrem glasklaren Wasser ist ideal für ein erfrischendes Bad. Im Sommer ist die Bucht ganz in der Nähe des Elektrizitätswerkes von Delimara allerdings sehr überlaufen.

Auf dem Markt: der Stoff, aus dem die Träume sind?

Einkaufen

Ganz auf die Wünsche der Urlauber hat man sich auf dem kleinen Markt an der Uferpromenade eingestellt, wo Klöppelarbeiten, Tischdecken, maltesische Spezialitäten wie Kapern, Thymianhonig, Likör aus Kaktusfeigen und türkischer Honig sowie allerlei Touristentand feilgeboten werden. Wem's zu kitschig ist, der sollte an einem Sonntagvormittag wiederkommen, wenn auch Fisch und Gemüse angeboten werden. Dann strömen auch die maltesischen Hausfrauen auf den Markt.

Feste & Unterhaltung

Festa: Our Lady of Pompei am zweiten Sonntag im Juli.

Golden Sun: il-Kajjik Street, Tel. 21 65 17 62, Fax 21 65 31 33, DZ 16 Lm, Apartment 13 Lm für 2 Personen.
Am Weg nach Delimara liegt das zweckmäßig eingerichtete Aparthotel, das 14 Apartments für Selbstversorger, aber auch Zimmer mit Frühstück/Halbpension bietet. Zu der Anlage gehören auch ein kleines Restaurant sowie ein Swimming-Pool.

Matthews: 89 Xatt is-Sajjieda, Tel. 21 68 17 14, tgl. 10–16, 18–23 Uhr, Octopus ca. 3,50 Lm.
Einfaches Familienrestaurant, das u. a. leckere Fischgerichte bietet.
La Capanna: 80 Xatt is-Sajjieda,

Tel. 21 65 77 55, tgl. 12–15, 19–22 Uhr, Fisch 4 Lm.
Gepflegtes Restaurant mit großem Angebot an frischem Fisch, aber auch leckeren Pasta-Speisen.

Pisces: 49 Xatt is-Sajjieda, Tel. 21 65 49 56, Fax 21 65 07 75, tgl. außer Mi 12–15, 18.30–22 Uhr (telefonisch bestätigen lassen), Fisch 4 Lm.
Freundlich eingerichtetes Restaurant neben der Polizeiwache, auf Fisch spezialisiert, populär bei den Einheimischen.

Hunters Tower: Wilga Street, Tel. 21 65 17 92, Mo geschl., Di, Mi, Do 12–15 Uhr, Fr, Sa, So mittags und abends geöffnet, Pizza ca. 2,70 Lm.
Abseits des Trubels gelegenes Restaurant mit italienisch-maltesischer Küche. In lauen Sommernächten sind die Plätze auf der Gartenterrasse heiß begehrt.

Busse Nr. 27 von/nach Valletta, 427 und 627 nach Bugibba.

Ziele in der Umgebung

Zejtun (N10): Der Ort zwischen Marsaxlokk und Valletta (3 km nordwestlich, Bus Nr. 27) ist eines der ältesten Dörfer der Insel. Schon die Römer betrieben hier Landwirtschaft. Wie der Ortsname vermuten lässt – Zejtun heißt so viel wie ›wo Öl ist‹ –, spielte der Olivenanbau damals eine wichtige Rolle. Zejtun wurde immer wieder zum Ziel von Piratenangriffen. Das hatte Auswirkungen auf den Baustil: Trutzig und wehrhaft wirken die Bauernhäuser und die kleine **Kirche San Girgor** am Ortsrand Richtung Marsaskala. Die Ursprünge des Gotteshauses reichen vermutlich bis ins 13. Jh. zurück. Im frühen 17. Jh. wurden die Renaissanceportale angefügt – eher ungewöhnlich für das barockverliebte Malta.

Die **Pfarrkirche St. Catarina** bleibt hingegen Maltas bevorzugtem Stil treu. 1692 begann der Barockarchitekt Lorenzo Gafà mit dem Bau der Kirche. Die Kuppel hingegen wurde erst zu Beginn des vorigen Jahrhunderts fertig gestellt.

Zejtun ist vor allem wegen seiner aufwendigen Osterfeierlichkeiten weit über die Grenzen der Gemeinde hinaus berühmt.

Highlight 5

Mdina (J9)

Die Lage der einstigen Hauptstadt könnte beeindruckender nicht sein: Genau an der Abbruchkante des Dingli-Plateaus thront Mdina, ein Ort mit 400 Einwohnern, weithin sichtbar im Zentrum Maltas. Schon die bronzezeitlichen Siedler wussten die strategisch günstige Lage zu nutzen und gründeten hier eine Niederlassung. Ihnen folgten Phöniker, Römer, Araber, Normannen und schließlich der Johanniterorden. Letztere erkannten jedoch schnell, dass sie mit ihrer Flotte in Meeresnähe besser aufgehoben waren und zogen nach Birgu (Vittoriosa) am Grand Harbour um. Zurück blieb der maltesische Adel, der seit dem frühen Mittelalter in Mdina residiert. Die alte Hauptstadt verfiel in einen Dornröschenschlaf, das Leben verlagerte sich in den quirligen Vorort Rabat.

Sehenswert

Main Gate: Das Haupttor zur Stadt wurde im Jahr 1724 von dem portugiesischen Großmeister Manoel de Vilhena gestiftet. Sein Wappen erblickt man über dem Torbogen. Wollten die Großmeister in die Stadt hinein, so mussten sie am Main Gate zunächst dem ortsansässigen Adel geloben, deren Privilegien zu respektieren. Erst dann bekamen sie die Schlüssel der Stadt überreicht.

Palazzo Vilhena: Der riesige Barockpalast entstand nach dem großen Erdbeben von 1693 als Großmeisterresidenz. Unter den Briten diente der Prachtbau als Hospital. Heute sind hier ein etwas vernachlässigtes Naturkunde-Museum und die eher geschmacklose Mdina Dungeons Show zum mittelalterlichen Gefängniswesen mit vielen spektakulären Licht- und Klangeffekten untergebracht.

Corte Capitanale: Im linken rückwärtigen Flügel des Palazzo Vilhena befand sich das Gericht. Von dem Balkon hoch über der Straße sollen aufgebrachte Bürger den Anführer der französischen Truppen in den Tod gestürzt haben, nachdem dieser die Plünderung des Karmeliterklosters befohlen hatte. Harold's Loggia heißt der Balkon an der Stadtmauer. Hier wurden die Proklamationen der Università, der maltesischen Adelsregierung, verlesen.

Casa Inguanez: Hält man sich am Palast links, kommt man zu dieser Casa, die im Besitz der ältesten maltesischen Adelsfamilie war und in der bis heute die spanischen Monarchen Wohnrecht haben. Im Laufe der Jahrhunderte haben von diesem Privileg allerdings nur zwei Könige Gebrauch gemacht: Alfonso V. (1432) und Alfonso XIII. (1927). Casa Inguanez ist Privatbesitz und von innen nicht zu besichtigen.

St. Peter und Paul's-Kathedrale:
Mo–Sa 9.30–11.45, 14–17 Uhr,
So 15–16.30 Uhr.
Die prächtige Kathedrale dominiert den St. Paul's Square. Ihr Vorgängerbau wurde 1693 durch ein Erdbeben zerstört. Von der alten Kirche ist die Apsis erhalten geblieben – das Gemälde in der Halbkuppel zeigt den Schiffbruch des Heiligen Paulus und stammt von Matia Preti. Auch die mächtige Tür aus irischer Mooreiche, die vermutlich von den Normannen nach Malta gebracht worden war, hat das Erdbeben überstanden. Sie diente einst als Eingangstür am Hauptportal.

Palazzo Santa Sophia: Villegaignon Street, gegenüber der Kathedrale, von innen nicht zu besichtigen.
Das Erdbeben von 1693 konnte seinem Untergeschoss nichts anhaben. Das Obergeschoss mit den im sizilianisch-normannischen Stil gehaltenen Fenstern wurde erst 1929 hinzugefügt.

Norman House (Palazzo Falzon):
Villegaignon Street,
tgl. 10–13, 16–17.30 Uhr.
Fenster, Bögen und Zickzackfries des z. T. aus dem Mittelalter stammenden Baus sind schöne Beispiele für den sizilianisch-normannischen Stil.

The Mdina Experience:
7 Mesquita Square,
Mo–Fr 11–16.30, Sa 11–16 Uhr.
Multivisionsspektakel für alle, die Mdinas Geschichte im Schnelldurchlauf erleben möchten.

Medieval Times: Palazzo Notabile,
Villegaignon Street,
Mo–Fr 9.30–17, Sa 7.30–17,
So 9.30–20 Uhr.
In dem Palast aus dem 17. Jh. wird das Mittelalter mit lebensgroßen Puppen nachgestellt.

The Knights of Malta:
Magazine Street,
Mo–Fr 10.30–16, Sa 10.30–15 Uhr.
Neueste Errungenschaft im Reigen der Multimediashows – hier dreht sich alles um den Ritterorden.

Tales of the Silent City (Palazzo Gatto Murina): Triq Gatto Murina,
Mo–Fr 10.30–16 Uhr, Sa bis 15 Uhr.
Multimediale Show zur Stadtgeschichte.

In Mdina: die Fontanella Tea Gardens auf den Bastionen

Cathedral Museum: Bishop Square, Mo–Sa 9–13, 13.30–16.30 Uhr. Sammelsurium sakraler Kunst, wertvollster Besitz sind Kupferstiche und Holzschnitte von Albrecht Dürer.

Einkaufen

Souvenirs bieten Touristenshops entlang der Villegaignon Street und am Bastion Square an: Glaswaren, Klöppeldecken, Messingtürklopfer …

Feste & Unterhaltung

Festa: Am letzten Sonntag im Januar feiert Mdina die Bekehrung des hl. Paulus.

Xara Palace Hotel: Misrah il-Kunsill, Tel. 21 45 05 60, Fax 21 45 26 12, www.xarapalace.com.mt, DZ 130 Lm.
In traumhafter Lage hoch auf den Bastionen gelegenes 5-Sterne-Hotel in einem alten Adelspalast, das jeden Stern verdient. Mit individuell eingerichteten, stilvollen Zimmern und sagenhaftem Ausblick. Sehr gut auch das Restaurant.

Ciappetti: St. Agathas Esplanade, Tel. 21 45 99 87, tgl. 10–22 Uhr, Pastagerichte 3 Lm.
Entzückendes Lokal abseits des Bastion Square. Schwer zu sagen, wo man hübscher sitzt: in den Innenhöfen mit den plätschernden Brunnen, im rustikal-gemütlichen Restaurant oder hoch auf den Bastionen. Egal, überall schmeckt es gleich gut: maltesische Spezialitäten, Fisch- und Fleischgerichte …
Stazzjon: Mtarfa Road, Tel. 21 45 17 17, im Sommer Di–So 19–23 Uhr, im Winter nur am Wochenende, Spaghetti 2,95 Lm.
Originelles Restaurant in einem alten Bahnhof unterhalb der Bastionen im Tal zwischen Mdina und Mtarfa.
Palazzo Notabile: Villegaignon Street, Tel. 21 45 02 24, Mo–Sa 9.30–17 Uhr, tgl. 10–16.30 Uhr, Pasta 2,95 Lm.

Restaurant mit hübschem Innenhof in einem alten Adelspalast.

Fontanella Tea Gardens: 1 Bastion Street, Tel. 21 45 42 64, im Winter tgl. 10–18, im Sommer tgl. 10–23 Uhr.
Die Plätze auf den Bastionen sind heiß begehrt. Hier gibt's nicht nur ausgezeichnete Kuchenspezialitäten, sondern auch eine sensationelle Aussicht. Wem der Sinn nicht nach Süßem steht, der kann auch zwischen Pizza, Sandwiches und anderen würzigen Speisen wählen.

Bacchus: Iguanez Street, Tel. 21 45 49 81, tgl. 12–15, 18–23 Uhr, Rinderfilet ca. 5 Lm.
Viel gelobtes Restaurant mit einer vielfältigen Speisekarte, Speisesaal in historischem Kellergewölbe. Besonders schön sind laue Sommernächte im romantischen Innenhof.

AD 1530 Trattoria: Misrah il-Kunsill, Tel. 21 45 05 60, Mo–Do 12–14.30, 17.30–22.30 Uhr, Fr, Sa 12–23 Uhr, So 12–22.30 Uhr, Pizza 3,25 Lm.
Rustikale, gemütliche Trattoria mit leckeren Pizzas und Pastagerichten, einige maltesische Speisen. Sehr schön zum Draußensitzen abseits des Trubels.

Busse: Richtung Valletta Nr. 80, 81 und 84, Richtung Bugibba Nr. 86 und Richtung Sliema und San Giljan (St. Julians) Nr. 65.

Mellieha (G/H6)

Die strategisch günstige Lage des Ortes auf dem höchsten Punkt des gleichnamigen Bergrückens konnte nicht verhindern, dass Mellieha in früheren Jahrhunderten immer wieder das Ziel von Piratenüberfällen wurde. Entnervt gaben die Einwohner auf. Erst in der Mitte des 19. Jh., als die Bedrohung durch Piraten längst vorrüber war, kehrten die Menschen zurück. Heute hat Mellieha 7000 Einwohner.

Die Nähe zu den schönsten Stränden macht Mellieha heute zu einem beliebten Ferienort, in dessen Zentrum sich der Charme vergangener Zeiten erhalten hat. An den Rändern freilich sind in den letzten Jahren viele Apartment- und Hotelbauten entstanden. Eine gewisse Exklusivität haftet Mellieha dennoch an – was nicht zuletzt die vielen prachtvollen Villen an den Hängen in Richtung Mellieha Bay belegen.

Sehenswert

St. Marija: Stolz thront die neobarocke Pfarrkirche, die erst vor rund 50 Jahren fertig gestellt wurde, weithin sichtbar über dem Ort. Unterhalb der Kirche liegt das bedeutendste Wallfahrtsziel Maltas: In einer kleinen Höhlenkirche wird ein Madonnenbild aus

Mdina zur blauen Stunde

Seinen ganzen Charme entfaltet Mdina ab den späten Nachmittagsstunden, wenn die Reisegruppen heimgekehrt, die Museen zu und die Läden dichtgemacht haben. Etwa ab17 Uhr wird Maltas alte Hauptstadt ihrem Beinamen ›die Stille‹ ganz und gar gerecht. Mit ein wenig Glück ist die Bank links am Ende der Befestigungsmauern am Bastion Square frei – ideal, um hier ein kleines Picknick und ein Fläschchen Wein zu genießen. Und auch ein Abendspaziergang durch die von alten Laternen erleuchteten, schmalen Seitengassen könnte romantischer nicht sein. Geradezu atemberaubend ist der Blick von den Bastionen über Maltas Lichtermeer. Bis nach Valletta kann man schauen.

dem frühen Mittelalter verehrt. Schon in der Zeit vor den Johannitern pilgerten die Menschen hierher.

Sport & Strände

Mellieha Bay: Die Bucht unterhalb des Ortes gilt als einer der schönsten Strände Maltas. Wegen des flachen Wassers ist er für Kinder ideal. Restaurants und Snackbuden sorgen für das leibliche Wohl. Sonnenschirme, Liegen und Wassersportgerät werden gegen Gebühr verliehen. Schade nur, dass die verkehrsreiche Straße nach Cirkewwa unmittelbar hinter dem Strand verläuft. Auch die Strände von Ghajn Tuffieha (4 km) und am Marfa Ridge (4,5 km) sind schnell zu erreichen. Im Sommer erreicht man mit Bus Nr. 50 den Strand in der Armier Bay (ca. 4,5 km nördlich).

Wassersport: an der Mellieha Bay z. B. bei *Costa del Sol Watersports*, am Strand Richtung Cirkewwa, Tel. 21 57 31 35.

Tauchschule Aqua Venture: am Bay Hotel, Tel. 21 52 21 41, Fax 21 52 10 53.

Ghadira Riding School: Mellieha Bay, Tel. 21 57 39 31. Für Reiter und solche, die es werden möchten.

Ramla Bay (G5) und der gleichnamige Hotelkomplex: Tel. 21 52 21 81, Fax 21 57 59 31, 4,5 km nördlich. Verschiedene Wassersportarten, u. a. Windsurfen.

Wandern: z. B. auf dem Gozo zugewandten Höhenzug des Marfa Ridge (ca. 3 km nördlich).

Ausgehen

An der Marfa Road, schräg gegenüber vom Seabank Hotel öffnet der **Disco-Club Waves 2** während der Sommer-Monate seine Tore für Nachtschwärmer. Populär ist auch das **Café Latino Punta Rena.**

Feste & Unterhaltung

Festa: Am 8. September wird die Geburt der Jungfrau Maria gefeiert.

Splendid Guesthouse: il-Kappillan Magri Street, Tel. 21 52 36 02, Fax 21 52 12 73, splendid@waldonet.net.mt, DZ 13 Lm.
Das liebevoll-kitschig eingerichtete Guesthouse in einer stillen Seitenstraße wendet sich an alle, die den persönlichen ›Touch‹ nicht missen möchten.

Mellieha Holiday Centre: Mellieha Bay, Tel. 21 57 39 00, Fax 21 57 54 52, dff@vol.net.mt, Bungalow ohne Frühstück 17 Lm.
Feriendorf unter dänischer Leitung. Ideal für einen Familienurlaub. Kann im Voraus nur über den dänischen Veranstalter Dansk Folk Ferie gebucht werden. In der Nebensaison ist die Buchung vor Ort kein Problem.

Hotel Panorama: Dun Belin Azzopardi Street (Seitenstraße der Valley Road), Tel. 21 52 10 20, Fax 21 52 34 00, www.panorama-hotel.com, DZ 27 Lm.
Das etwas versteckt und sehr ruhig liegende Hotel macht seinem Namen alle Ehre: Der Blick reicht über die Mellieha Bay bis nach Comino und Gozo.

La Salita Hotel: Main Street, Tel. 21 52 09 23, Fax 21 52 09 30, dream@destinationmalta.com, DZ 30 Lm.
Ein Swimming-Pool, eine Sonnenterrasse mit herrlichem Ausblick und eine allerdings etwas steril wirkende Piano Bar gehören zu den Angeboten dieses 3-Sterne-Hotels mit 75 Zimmern.

Seabank Hotel: Marfa Road, Tel. 21 52 14 60, Fax 21 52 16 35, info@seabankhotel.com, DZ 40 Lm.
4-Sterne-Hotel in der Mellieha Bay mit Sauna, Jacuzzi, Fitnessraum und ange-

schlossener Tauchschule, in unmittelbarer Strandnähe. Die verkehrsreiche Marfa Road sei an dieser Stelle nochmals erwähnt …

Maritime Antonine Hotel & Spa Malta: Borg Olivier Street, Tel. 21 52 09 23/9, Fax 21 52 09 30, info.mal@maritim.de, DZ 54 Lm.
Brandneues Hotel mit 80 Zimmern und 28 Suiten. Das sehr geschmackvoll eingerichtete Haus wartet mit einem Fitnessraum, Pool, Wellness-Bereich, Sauna, Whirlpool und Dampfbad auf.

Selmun Palace Hotel: Selmun, Tel. 21 52 10 40, Fax 21 52 11 59, DZ 60 Lm/Turmsuiten 80 Lm.
Etwas außerhalb von Mellieha gelegen. Die Besonderheit: die luxuriösen Turmsuiten im alten Jagdschloss des Johanniterordens. Wenn man seinen Urlaub nicht ausschließlich an der großzügig gestalteten Poolanlage oder auf den zwei Tennisplätzen verbringen möchte, ist es ratsam, ein Auto zu mieten.

Al Ponte Bistro: George Borg Olivier Street, Tel. 21 89 20 00, tgl. 18–23 Uhr.
Gemütlich eingerichtetes Restaurant mit entspannter Atmosphäre im Maritim Hotel. Leckere Pizza, Salate, Fleisch- und Fischgerichte.

Giuseppi's Wine Bar: Main Street/ Santa Liena Street, Tel. 21 57 48 82, nur abends geöffnet, So geschlossen, Speisekarte je nach Marktangebot, Hauptspeisen ca. 4 Lm.
Rustikales Restaurant und Wein-Bar. Das Speisenangebot richtet sich danach, was der Markt an Frischem bereithält.

Il-Mithna: Main Road, Tel. 21 52 04 04, Mo–So 18.30–22.30 Uhr, Mi geschl. (telefonisch bestätigen lassen), Fisch 3,50–4 Lm.
›Mithna‹ ist maltesisch für Windmühle. Tatsächlich ist das gemütliche Restaurant in einer historischen Windmühle untergebracht. Die Veranda bietet die

Mekka der Comic-Fans: Popeye Village

Möglichkeit, *al fresco* zu speisen, leider ist es dort wegen des Verkehrs sehr laut. Die Speisekarte dominieren Fischgerichte.

The Arches: 113 Main Street,
Tel. 21 52 34 60,
tgl. außer So 19–22 Uhr,
Fisch-/Fleischgerichte 5–6 Lm.
Vielen Maltesern gilt dieses Restaurant als das beste der ganzen Insel. In dezent-vornehmer, etwas steriler Atmosphäre genießt man beste Küche – auf Wunsch auch maltesische Gerichte!

Busse Nr. 43, 44, 45 von/nach Valletta; mit Bus Nr. 45, 48 und 452 über Mellieha Bay zum Fähranleger Cirkewwa. Nr. 48 fährt auch nach Bugibba/Qawra. Bus Nr. 441 als Shuttle Service nach Popeye Village. Nr. 49 (morgens) nach Mosta, Nr. 50 fährt zur Armier Bay.

Ziele in der Umgebung

Ghadira Nature Reserve (G6):
direkt an der Mellieha Bay, Bus
Nr. 44, 45, 452, im Sommer auch
Nr. 50, außer im Sommer Führungen
Sa, So 9–12.30 und 14–16 Uhr.
Information auch bei *Birdlife Malta,*
Abate Rigort Street, Ta'Xbiex,
Tel. 21 34 76 46, Fax 21 34 32 39.
In dem von Freiwilligen betreuten Sumpfgebiet kann man im Frühjahr und Herbst die Zugvögel beobachten, die auf dem Weg von und nach Afrika auf Malta Zwischenstation machen.

Popeye Village (G6): 3 km westlich,
April–Sept. 9–19 Uhr, Do–So auch bis
24 Uhr, Okt.–März 9–17 Uhr.
Ende der 1970er Jahre entstand in der Anchor Bay ein Dorf, in dem der Comic ›Popeye‹ verfilmt wurde. Geblieben sind die pastellfarbenen Kulissen, an denen große und kleine Comicfans ihre helle Freude haben werden.

Selmun Palace (H6): 3 km östlich, am Ortsausgang von Mellieha Richtung St. Paul's Bay abzweigen. Der wehrhafte Turm wurde zu Beginn des 17. Jh. als Landsitz errichtet und befand sich im Besitz der Stiftung ›Monte di Redenzione‹. Diese wohltätige Organisation kümmerte sich um den Rückkauf von Maltesern, die von Piraten als Sklaven verschleppt worden waren. Das Anwesen ist heute Teil des Selmun Palace Hotel (s. S. 62). Im Turm befinden sich Suiten und das stilvolle Castle Restaurant.

Fort Campbell: Folgt man der geteerten Straße, die rechts um den Selmun Palace herumführt, erreicht man ein verlassenes Fort, das zu den vielen Küstenbefestigungen gehört, die die Briten auf Malta errichteten. Am Ende der betonierten Straße führt ein breiter Weg den Hang hinunter ans Meer. Von hier aus kann man bis zur Mistra Bay laufen und über einen sehr steilen Weg den Hang hinauf durch die Felder zum Selmun Palace zurückkehren.

Mosta (J/K8)

Wahrzeichen und Hauptattraktion des belebten Städtchens mit 12 500 Einwohnern ist die gigantische Kuppel der Kirche St. Marija Assunta, die sich weithin sichtbar über dem Häusermeer erhebt. Es handelt sich um die viertgrößte Kuppel der Welt, versichern jedenfalls die Einwohner.

Highlight 6

St. Marija Assunta: Bei dem Kirchenbau aus dem 19. Jh. (tgl. 9–12, 16–17 Uhr) stand das Pantheon in Rom Pate. Die 60 m hohe Kuppel mit einem Durchmesser von 52 m überspannt einen von Blau, Weiß und Gold dominierten Kirchenraum. Kaum zu glauben, dass sich dieser Bau nur den Spenden und freiwilligen Arbeitseinsätzen der Bewohner von Mosta verdankt. Im Zweiten Weltkrieg fiel während eines Gottesdienstes eine Fliegerbombe in das voll besetzte Kircheninnere, zum Glück zündete sie nicht. In der Sakristei erinnert eine Replik der Bombe an dieses ›Wunder‹.

Feste & Unterhaltung

Festa: Hoch her geht es am 15. August in Mosta, 8. September in Naxxar und 24. August (oder am Sonntag danach) in Gharghur. Bekannt ist Mosta auch für die Karfreitagsprozession mit kostümierten Darstellern der Passion.

Restaurant Ta'Marija: Triq il-Konstituzzjoni, Tel. 21 43 44 44.
Jeden Mittwoch werden hier ›Maltesische Nächte‹ veranstaltet. Neben traditionellen Speisen wird dabei auch Folklore (Tänze, Musik etc.) ›serviert‹.

Busse: Viele Verbindungen z. B. von San Giljan (St. Julians) mit Bus Nr. 65.

Ziele in der Umgebung

Victoria Lines (G8–L7): Richtung St. Paul's Bay passiert man eine geologische Verwerfungslinie, die steil nach Nordwesten hin abbricht. An dieser strategisch günstigen Stelle errichteten die Briten im späten 19. Jh. eine Reihe von Befestigungsanlagen, die sie nach Queen Victoria benannten. Die Victoria Lines bestehen aus drei Forts – Madliena Fort, Mosta Fort und Bingemma Fort –, die durch Mauern verbunden sind. Ihre Verteidigungsfähigkeit musste die Anlage allerdings nie unter Beweis stellen. Heute sind einige Militärhistoriker der Meinung, die Victoria Lines seien nur angelegt worden, um die britischen Soldaten zu beschäftigen. Zwei Anlagen kann man besichtigen:
Madliena Fort (L7): Führungen So 10, 11, 12 Uhr, kostenlos, Spende erbeten;
Mosta Fort (K8): Führungen Mo–Fr 9.30, 10.30, 11.30 Uhr, kostenlos, Spende erbeten.
Naxxar (K8): Pittoresker Nachbarort (ca. 1,5 km, Bus Nr. 56 und 65) mit einem ganz besonderen Juwel: Palazzo Parisio (s. Kasten unten).
Gharghur (K7/8): ca. 3 km nordöstlich, Bus Nr. 55.

Palazzo Parisio

Mitten im Ortskern von Naxxar in unmittelbarer Nachbarschaft zur Dorfkirche verbirgt sich hinter einer unscheinbaren Fassade ein echtes Juwel. Das Anwesen wurde in der ersten Hälfte des 18. Jh. von Großmeister Manoel de Vilhena errichtet. Ende des 19. Jh. gelangte der Palast schließlich in den Besitz der maltesischen Adelsfamilie, die das Gebäude opulent umgestalten ließ. Weder Kosten noch Mühen wurden gescheut, um ein prachtvolles Interieur zu schaffen. Zauberhaft sind auch die beiden Gärten hinter dem Haus – eine Oase der Ruhe im lebhaften Malta. Ein nettes Café und ein gut bestückter Andenken- und Buchladen runden den Besuch ab.
Palazzo Parisio, Naxxar, am Kirchplatz (Victory Square), Mo–Fr 9–13 Uhr, Führungen stdl. 9–13 Uhr, 2 Lm; man muss sich einer Führung anschließen.

Das noch ganz traditionelle Dorf wartet mit einigen hübschen Kirchen auf. Besonders eindrucksvoll ist die Osterprozession.

Paola/Tarxien (M/N10)

Ein Besuch der südöstlich von Valletta gelegenen, heute miteinander verschmolzenen Orte lohnt sich vor allem wegen ihrer archäologischen Ausgrabungsstätten, dem Tempel von Tarxien und dem Hypogeum von Hal Saflieni.

Highlight 7

Tarxien-Tempel: an der Straße nach Zejtun (ausgeschildert), im Winter Mo–Sa 8.30–16.30, So 8.30–15, im Sommer tgl. 7.45–14 Uhr (s. Tour 1, S. 108).
In Tarxien findet sich eines der besterhaltenen Beispiele der Megalithbaukunst auf Malta. In drei miteinander verbundenen Tempeln sind Repliken verschiedener Kultgegenstände, u. a. Altäre mit Spiralmustern, zu sehen. Besonders beeindruckend ist die Beinpartie einer Figur, die vermutlich eine Gottheit darstellt. Im mittleren Tempel kann man auf einem Relief u. a. eine Sau erkennen, die ihre Ferkel säugt. In den im Boden eingelassenen Steinschalen brachte man Opfer dar. Im Osttempel markieren die Reste einer Treppe den Weg, auf dem die Priesterschaft in die heiligsten Räume des Zentraltempels gelangte.

Sehenswert

Hypogeum: Burial Street (s. Tipp oben, s. Tour 1, S. 108).
Die in den Fels gegrabene, unterirdische Anlage zeigt frappierende architektonische Ähnlichkeiten mit den oberirdischen Tempelbauten. Auch bei dem von der Unesco zum Weltkulturerbe erklärten Hypogeum finden sich z. B. Trilitheingänge (Nachbildungen der aus drei Steinen gefügten Tore) und Altarnischen. Anders als die Megalithtempel diente das auf mehreren Ebenen angelegte ›Höhlenlabyrinth‹, dessen älteste Teile vermutlich 3600 bis 3000 v. Chr. entstanden, einst als Begräbnisstätte: Archäologen bargen mehrere tausend Skelette! Die zum Teil aufwendige Bemalung der Räume legt die Vermutung nahe, dass in einzelnen Kammern auch kultische Handlungen vollzogen wurden. Man vermutet auch, dass die unterirdische Anlage zum Speichern von Nahrungsmitteln verwendet wurde.

Tickets für das Hypogeum

In der Regel ist das Hypogeum etwa über 7 Tage ausgebucht, die Eintrittskarten gibt es nur an der Museumskasse. Um ein Ticket zu bekommen, muss man also gleich am ersten Tag seines Malta-Aufenthaltes dorthin fahren. Zu welchen Terminen noch Tickets erhältlich sind, erfährt man unter Tel. 21 82 55 79. Führungen in englischer Sprache finden zwischen 8.45 und 15.45 Uhr, Mitte Juni bis 30. Sept. zwischen 8.15 und 15.15 Uhr stdl. statt. Eintritt 3 Lm pro Person, unter 18 und über 65 Jahren 1 Lm.

Feste & Unterhaltung

Festa: In Paola am vierten Sonntag im Juli, in Tarxien am fünften Sonntag nach Ostern.

Paola: Busse Nr. 1, 2, 3, 4, 6, 8, 11, 18, 19, 21, 27, 29, 427.
Tarxien: Busse Nr. 8, 11, 27, 29, 427.

Ziele in der Umgebung

Zabbar (N9/10): Am Ortseingang steht das Hompesch Gate, das an den letzten auf Malta residierenden und zugleich einzigen deutschen Großmeister Ferdinand von Hompesch erinnert. Der Johanniterorden wurde in von Hompeschs Amtszeit durch Napoleon von der Insel vertrieben.

Rabat (H/J 9)

Das im Zentrum Maltas gelegene Rabat wird oft in einem Atemzug mit Mdina, der altehrwürdigen ehemaligen Hauptstadt, genannt. Zur Zeit der Römer umschloss eine einzige Stadtmauer beide Siedlungen. Als die Byzantiner oder die Araber mit der Befestigung des heutigen Mdina begannen, wurden die Orte getrennt. Heute ist Rabat ein quirliges Städtchen mit 14 000 Einwohnern und einigen interessanten Sehenswürdigkeiten. Nicht minder interessant sind die Einblicke in das Alltagsleben der Bewohner, die sich einem besonders in den Seitengassen erschließen.

Sehenswert

St. Paul's Church: Dieses Gotteshaus, mitten in der Stadt am Parish Square gelegen, wurde im 17. Jh. von Lorenzo Gafà errichtet. Bei Baubeginn stand an gleicher Stelle bereits eine kleine, dem ersten Bischof von Malta, Publius, gewidmete Kapelle, die in die neue Kirche integriert wurde. Die Malteser erzählen, der Apostel Paulus sei in dem Gefängnis unterhalb der Kapelle inhaftiert gewesen. In der benachbarten Grotte soll er den römischen Statthalter Publius zum Christentum bekehrt und zum ersten Bischof von Malta ernannt haben.

St. Paul's Catacombs:
St. Agatha Street, im Winter Mo–Sa 8.15–17, So 8.15–16 Uhr, im Sommer tgl. 7.45–14 Uhr.
Die unterirdische Katakombenanlage birgt Gräber der frühen Christen. Man trifft in den Gängen auf verschiedene Grabtypen. Als Loculigräber werden die Wandvertiefungen bezeichnet, die mit einer Steinplatte verschlossen waren und die als Kindergräber dienten. Aufwendiger sind die Baldachingräber gestaltet, die mit einem aus dem Fels gehauenen Baldachin bekrönt sind. Selten und wohl nur Reichen vorbehalten waren die Satteldachgräber, bei denen sich über der Grablege ein steinernes Satteldach erhebt. Einzigartig, weil nur in maltesischen Katakomben anzutreffen, sind die Agape-Tische im Eingangsbereich der Anlage, an denen das Totenmahl abgehalten wurde.

St. Agatha Catacombs:
St. Agatha Street, Mo–Fr 9–16.30, Sa 9–12.30 Uhr.
Diese zweite Katakombenanlage ist nur im Rahmen einer (sehr sachkundigen) Führung in englischer Sprache zu besichtigen. Beeindruckend sind hier besonders die farbigen Freskenmalereien. Angeschlossen ist außerdem ein kleines Museum mit Exponaten zu Geologie, Archäologie und Kirchengeschichte.

Römische Villa / Museum of Roman Antiquities: Museum Esplanade, im Winter Mo–Sa 8.15–17, So 8.15–16.15 Uhr, im Sommer tgl. 7.45–13.30 Uhr (seit 2003 wegen Renovierung geschlossen).
Im 19. Jh. wurden an dieser Stelle die Fundamente eines römischen Stadthauses freigelegt. Um die erhaltenen Mosaike zu schützen, wurde in den 1920er Jahren ein römisches Stadthaus

über den Funden rekonstruiert. Es beherbergt heute ein Museum, das die Geschichte der Römer auf Malta erzählt.

Besonders sehenswert sind die Mosaiken im Erdgeschoss mit figürlichen wie auch rein geometrischen Motiven. In den Vitrinen des Untergeschosses und des Eingangsbereiches sind Alltagsgegenstände wie Haarnadeln, Glasbehälter, Schreibgeräte, tönerne Gefäße und Öllämpchen ausgestellt. Ein Seitenraum im Untergeschoss ist den Funden von einem arabischen Friedhof gewidmet. Wie Fotos belegen, waren die Toten gen Mekka ausgerichtet bestattet.

Einkaufen

Schmuck, Glas- und Strickwaren kauft man zwischen St. Paul's Square und St. Paul's-Katakomben. Köstlich sind die hausgemachten Plätzchen und anderen Naschwaren, die am Verkaufsstand links von der St. Paul's-Kirche angeboten werden.

Feste & Unterhaltung

Festa: Am ersten Sonntag im Juli lassen die Einwohner von Rabat ihren Schutzheiligen St. Paul ›hochleben‹.

Point de Vue: 3/7 Saqqaja, Tel. 21 45 41 17, www.mol.net.mt/point, B&B 6,50 Lm.
Vor den Toren von Mdina gelegenes einfaches Guesthouse mit angeschlossenem Restaurant. Auch die Busse von und nach Valletta fahren ganz in der Nähe ab.

Crystal Palace Bar: St. Paul's Street Richtung römische Villa.
Die Anlaufstelle für Pastizzi-Fans.
Cosmana Navarra: St. Paul's Street, Tel. 21 45 06 38, Mo–Sa 9–22 Uhr. So geschl., Pasta 2,50 Lm.
Nettes Restaurant im Zentrum von Rabat mit Snacks, Pizza und Pasta.
Cuckoos Nest Tavern: Rabat, 9 St. Paul's Street, Tel. 21 45 59 46, tgl. 11.30–22 Uhr.
Tipp für alle, die sich in kleinen, urigen Kneipen abseits des Touristenrummels wohl fühlen. Der nette Wirt Roger serviert seine maltesischen Lieblingsspeisen Kaninchen, Timpana, Gulasch und andere Kleinigkeiten an zwei Tischen.
Grotto Tavern: Parish Square, Tel. 21 45 51 38, Mo geschl., Poulet aux Armandes 3,50 Lm.
Originelles Restaurant in einer Art Höhle untergebracht, die früher Teil des großen Katakombengürtels von Rabat war. Dekoration und Speisekarte zeigen deutlich französischen Einschlag. Eine Sünde wert: die süßen Nachspeisen.

Busse: Von Valletta aus Nr. 80 und Nr. 81, von Bugibba Nr. 86. Bus Nr. 65 verbindet Sliema und San Giljan (St. Julians) mit Rabat, er hält auch in Ta'Qali.

Verführerisches Backwerk

Schon lange bevor der in die Häuserwand eingelassene Verkaufsstand am Marktplatz von Rabat seine Pforten öffnet, beginnt es köstlich zu duften. Und das aus gutem Grund: Die hier feilgebotenen Plätzchen und Backwaren sind hausgemacht, ofenfrisch und immer eine Sünde wert. Lecker sind die typisch maltesischen Honey Rings, Teigringe gefüllt mit Feigen, gesüßt mit Honig und gewürzt mit Anis. Wer sich nicht entscheiden kann, darf erst mal kosten.

Ziele in der Umgebung

Clapham Junction (H10): Südlich von Rabat (ca. 4 km, Bus Nr. 81 bis Buskett Gardens, 500 m zu Fuß) befindet sich ein ausgedehntes Steinplateau, das von mysteriösen Rillenspuren durchfurcht ist, die nicht genau zu datieren sind. Bis heute rätseln Archäologen, was es mit den markanten Linien auf sich hat. Wurden die Spuren mit einer Art Karre befahren, oder waren sie Teil einer Bewässerungsanlage? Oder sind sie schlicht durch Verwitterungsprozesse entstanden?

Ta'Qali National Park (J9): Das etwas großspurig als ›National Park‹ bezeichnete Gelände erstreckt sich auf dem ehemaligen Militärflughafen von Ta'Qali. In den alten Hangars der britischen Streitkräfte sind inzwischen Läden untergebracht, die die handwerklichen Produkte des Ta'Qali Crafts Village anbieten – von Filigranschmuck über Malerei einheimischer Künstler bis hin zu Leder- und Töpferwaren (Mo–Sa von 8–16 Uhr).

Auf dem Gelände befinden sich auch die beiden Glasbläsereien Mdina Glass und Phoenician Glasblowers – man kann den Glasbläsern bei der Arbeit über die Schulter schauen und ihre farbenfrohen Produkte erwerben.

Aviation Museums: Hut 161,
Ta'Qali Crafts Village,
tgl. außer an Feiertagen 9–17 Uhr.
Wer sich für die Geschichte der Luftfahrt interessiert, sollte auf jeden Fall hingehen! Ausgestellt sind einige historische Flugzeuge, und die Luftfahrtgeschichte Maltas und ihre Bedeutung für die Briten werden dargestellt.

Dinosaurs Exhibition: Hut 39,
Ta'Qali, Tel. 21 41 67 20,
im Winter tgl. 11–15.30,
im Sommer Mo–Sa 10–17 Uhr.
Vor allem bei Kindern beliebte Ausstellung zum Thema Dinosaurier.

Besuch einer Weinkellerei

Dass Freunde guten Weines auch auf Malta nicht auf verlorenem Posten stehen, belegt das Weingut Meridiana. Die erste Ernte fand im Jahr 1995 statt, und seither gelten die Weine der Kellerei als die besten des maltesischen Archipels. Etwa 140 000 Flaschen Wein werden pro Jahr produziert – Qualität statt Quantität lautet das Motto von Meridiana, deren Anwesen nur 19 Hektar groß ist; der Wein besteht nur aus maltesischen Trauben.

Meridiana, auf dem Gelände von Ta'Qali (s. o.) neben dem Kunsthandwerkszentrum, halbstündige Führungen mit Weinprobe, wenn mehrere Interessenten sich zusammenfinden, Anmeldungen unter www.meridiana.com.mt oder Tel. 21 41 35 50.

Highlight 8

Dingli Cliffs (H10): Von Rabat aus führt ein Abstecher (oder eine Wanderung) zu den höchsten Klippen der Insel Malta (s. Tour 4, S. 114). Benannt wurden Klippen und Dorf nach Thomas Dingli, einem englischen Ritter, der sich hier im 16. Jh. niederließ. Dort, wo die Klippen terrassenförmig zurücktreten, erlauben wiederum wasserspeichernde Tonschichten ihre landwirtschaftliche Nutzung. Ein herrlicher Kontrast: hier Klippen und Felder, dort das offene blaue Meer.

St. Paul's Bay (H/J6/7)

Einst war Bugibba der Vorort von St. Paul's Bay. Heute haben sich die Proportionen zugunsten von Bugibba verschoben, was jedoch St. Paul's Bay keinen Abbruch tut. Im Gegenteil: Der kleine Ort, maltesisch San Pawl il-Bahar, besitzt noch eine gewachsene Struktur. Besonders reizvoll ist die Uferstraße San Frangisk, wo man am Wignacourt Tower einen schönen Blick aufs Wasser und die bunten Fischerboote hat. Am westlichen Ende der Bucht liegen die unbewohnten St. Paul's Islands. Dort soll der Apostel Paulus maltesischen Boden betreten haben.

Sport & Strände

Baden: Unweit des Wignacourt-Wachturms kann man von Felsplateaus oder Betonpontons ins klare Wasser steigen.
Gillieru Diving Center: Church Square, Tel./Fax 21 57 87 25. Tauchkurse und Vermietung von Equipment.

Gillieru Harbour Hotel: Church Square, Tel. 21 57 27 20, Fax 21 57 27 45, DZ 33 Lm.
Hübsches, überschaubares Hotel abseits des Touristenrummels mit Blick entweder über die St. Paul's Bay oder den kleinen Church Square. Diverse Sportmöglichkeiten und ein Pool.
Karanne Aparthotel: Triq il-Kahli, Tel. 21 58 37 77, Fax 21 58 37 81.
Aparthotel zwischen St. Paul's Bay und Bugibba, das Zimmer und Suiten für Selbstversorger bietet.

Da Rosi: 44 Church Square, Tel. 21 57 14 11, Mo geschl., Di–Sa ab 18.30, So ab 11.30 Uhr, Fisch 4 Lm.
Kleines, unprätentiöses Familienrestaurant mit italienisch angehauchter Küche. Auch einige maltesische Gerichte.
Mange Tout: 356 St. Paul's Street, Tel. 21 57 21 21, Mo–Sa 19.30–22.30 Uhr, So geschl., Kaninchen 5 Lm.
Gilt als eines der besten Restaurants auf Malta. Innovative französisch-mediterrane Küche, eine hervorragende Weinauswahl und köstliche Desserts.
Gillieru Restaurant: 66 Church Street, Tel. 21 57 34 80, tgl. 12.30–14.30, 19.30–23 Uhr, Fisch 3,50–4 Lm.
Das beliebte Restaurant wartet mit einer herrlichen Terrasse über der Bucht auf, auch innen sitzt man sehr schön. Kulinarisch liegt die Betonung auf Fisch.

Feste & Unterhaltung

Festa: am letzten Sonntag im Juli.

Busse: Von/nach Valletta Nr. 43, 44, 45, 49, 50, 51, 427 und 452. Nr. 48 und 452 fahren nach Cirkewwa.

San Giljan (St. Julians) (L/M7/8)

Stadtplan S. 72/73
San Giljan (St. Julians), das sich nahtlos an Sliema anschließt, und vor allem der Stadtteil Paceville, ist besonders bei jungen Leuten sehr beliebt, denn abends geht hier die Post ab. In der malerischen Spinola Bay mit bunten Fischerbooten und alten Häusern wird noch etwas spürbar von San Giljans Vergangenheit als kleinem Fischerdorf. Hier und in der benachbarten Balluta Bay geht es auch am Abend noch recht ruhig zu – Einheimische und Urlauber treffen sich zum Flanieren oder kehren in eines der vielen Restaurants ein. Schick und edel geht es im neu entstandenen Portomaso-Komplex zu.

Sehenswert

Auch in architektonischer Hinsicht ist San Giljan ein Ort der Kontraste. Besonders charmant sind die teils sehr schönen britischen **Row Houses** (Reihenhäuser) aus den 1930er Jahren, die aber auch hier oft von modernen Hotelklötzen erdrückt werden. In der Spinola Bay kann man den **Spinola Palace** bewundern, einst die Sommerresidenz des Bischofs Spinola, jetzt ein Restaurant. Dieser Bischof stiftete auch die steinernen Fischerunterstände, die nun ebenfalls von Restaurants genutzt werden. In der Balluta Bay steht mit dem **Balluta Building** eines der schönsten Häuser Maltas mit einer herrlichen Jugendstilfassade. Am **Portomaso Tower,** dem ersten Hochhaus auf der Insel, das San Giljan sehr dominant überragt, scheiden sich allerdings die Geister ...

Sport & Strände

Reef Club Beach Complex: nahe dem Westin Dragonara Resort. Da es keine richtigen Strände in St. Julians gibt, wählt man am besten diesen gut ausgestatteten Lido zum Baden (Tagesgebühr).

Neptunes Waterpolo Club: Das Meerwasser-Freibad in der Balluta Bay lädt tagsüber zum Schwimmen ein (9.30–17.45 Uhr, 2,25 Lm); abends kann man hier beim Wasserballtraining zusehen.

Tauchen: *Divecare,* Triq Gorg Borg Olivier, Tel. 21 31 99 94.
Tauchgänge für Anfänger und Profis.

Oki-Ko-Ki Banis Watersports Centre: 72 Triq Spinola, Tel. 21 33 98 31.
Verschiedene Wassersportarten, Verleih von Speedboats.

Kino auf Malta

Treffpunkt für Cineasten ist das **Eden Century Cinema** in der Triq Santu Wistin in St. Julians (Tel. 21 37 64 01). In mehreren Kinosälen werden hier die neuesten Filme aus Hollywood (in englischer Sprache) gezeigt. Was gerade gespielt wird, erfährt man im Internet unter www.edenleisure.com.
Zum Komplex gehört auch ein **IMAX-Kino,** wo auf einer riesigen Leinwand 3D-Filme zu besonderen Themen gezeigt werden (lohnt sich!).

Einkaufen

Strandbedarf und Souvenirs: Zahlreiche Läden in der Triq San Gorg und Triq il-Wilga.

Bay Street Shopping Centre: Neue Shopping Mall nach US-amerikanischem Vorbild im Herzen von Paceville mit vielfältigem Einkaufsangebot, Kino, Theatersaal, Cafés und Restaurants.

Ausgehen

Volltreffer! An keinem anderen Ort Maltas kommen Nachteulen so auf ihre Kosten wie in San Giljan und Paceville. Besonders an den Sommerwochenenden, wenn hier die gesamte maltesische Jugend zusammenströmt, gibt's kein Halten mehr (s. Tipp S. 71).

Ghall-Café: Triq San Gorg, Triq Ball. Eins der größten Internet-Cafés auf Malta. Man bekommt hier auch ein leckeres Frühstück.

Casino Dragonara Palace: Triq Dragunara, 19.30 Uhr bis in die frühen Morgenstunden.
Mindestalter ist 18 Jahre, daher Ausweis mitnehmen. Krawattenzwang besteht nicht, auf gepflegte Kleidung wird aber trotzdem Wert gelegt.

Nachtleben in Paceville

Paceville heißt der Teil von St. Julians, der zwischen St. George's Bay und Spinola Bay liegt – hier ist an Sommerwochenenden zwischen Mitternacht und 2 Uhr die Hölle los. Unter die maltesischen Jungendlichen mischen sich dann Sprachschüler aus aller Herren Länder, um in Bars und Discos die Nacht zum Tag zu machen (die Discos öffnen zwischen 20.30 und 22 Uhr). Die Disco schlechthin ist das **Axis** am nördlichen Ende der St. Georges Street, Anlaufstelle u. a. für Techno-Fans. Gleich nebenan liegen **Rock Café, FootLoose** und **Havanna.** Hier kann man Billard spielen, Tanzen oder einfach nur (Live-)Musik hören. Um Triq Wilga konzentrieren sich die Musikbars, wo die neuesten Hits – oft mit Karaoke – gespielt werden, z. B. **Coconut Grove, Easy Rider, Peppermint Park, The Alley Bar** oder **Going Places.** In lauen Sommernächten ist die **Terrace Bar,** wo man unter freiem Himmel am Cocktail nippt, gerappelt voll. Mit Salsa-Rhythmen wartet das **El Barrio** über dem Peppermint Park auf oder das **Fuego** in der Triq Santu Wistin. Ungezwungen ist die Atmosphäre in der **Saddles Bar** an der Spinola Bay, die Plätze auf der Terrasse sind heiß begehrt. Auch das **Muddy Waters** und das **City of London** in der Balluta Bay sind bestens geeignet, um sich bei neuen und alten Hits zu entspannen.
Der **Portomaso-Komplex** ist Treffpunkt eines etwas älteren Publikums. Hier geht es deutlich ruhiger und gepflegter zu, z. B. im stilvollen **Cigar Room** mit riesiger Weinkarte und großer Auswahl an Zigarren.

Feste & Unterhaltung

Am letzten Sonntag im August steigt die **Festa** für St. Julian, den Schutzpatron der Fischer.

Pinto Guesthouse: Triq Qalb Imqaddsa (Sacred Heart Street), Tel. 21 31 38 97, Fax 21 31 98 52, www.pintohotel.com, B&B 6 Lm pro Person.
Hinter der Balluta-Bay gelegenes, empfehlenswertes Guesthouse mit sauberen, geräumigen Zimmern. Einige Zimmer mit Gemeinschaftsbad.
Hotel Alfonso: Qaliet-Street, Tel. 21 37 66 91, Fax 21 34 48 80.
Einfaches, sauberes Hotel mit 28 Zimmern unter Leitung des freundlichen Ehepaars Sammut. Ruhig, abseits des Trubels gelegen.
Villa Rosa: St. George's Bay, Tel. 21 37 66 87, Fax 21 31 65 31.
Kürzlich renoviertes, traditionsreiches Hotel, umgeben von einer Gartenanlage. Gleichermaßen ideal für Nachtschwärmer wie für Ruhesuchende.
Rafael Spinola Hotel: Triq Ross, Tel. 21 37 44 88, Fax 21 33 62 66.
Überschaubares, ansprechend eingerichtetes Hotel in ruhiger Seitenstraße, dennoch sehr zentral gelegen.
The 7 Apartments: Triq San Gorg, Tel. 21 37 75 43, Fax 21 37 46 63, Apartments ab 75 Lm pro Woche.
Vollständig ausgestattete Apartments für Selbstversorger in zentraler Lage. Pool und Satelliten-Fernsehen.
Corinthia Marina Hotel: St. George's Bay, Tel. 21 38 17 20, Fax 21 38 17 08, www.corinthia.com, DZ 24 Lm.
An der St. George's Bay gelegenes, komfortables Hotel der 4-Sterne-Kategorie mit Privatstrand und zahlreichen Wassersportmöglichkeiten.

The Westin Dragonara Resort: Dragonara Road, Tel. 21 38 10 00, Fax 21 38 13 47, westindrag@kemmunet.net.mt, www.westinmalta.com, DZ 118 Lm (deutlich günstiger, wenn man länger als 3 Nächte bleibt). Die ganz in sanften Terrakotta-Farben gehaltene Großanlage ist im Frühjahr 1997 eröffnet worden. 300 Zimmer, drei Swimming-Pools, Lido, vier Restaurants, fünf Bars, eine großzügig gestaltete Terrassenlandschaft, Tennisplätze, Tauchclub, Fitness-Studio, Wassersportangebot und vieles mehr.

San Gorg Corinthia Hotel: St. George's Bay, Tel. 21 37 41 14, Fax 21 37 40 39, www.corinthia.com/sangorg, DZ 130–150 Lm. Direkt am Meer gelegenes Luxushotel mit umfangreichem Wellness- und Sport-Angebot. Große Poolanlage.

Hilton Malta: Portomaso, Tel. 21 38 33 83, Fax 21 38 63 86, www.hilton.com.mt, DZ/F 143 Lm. 1999 eröffnetes Luxushotel mit allen Raffinessen und Annehmlichkeiten, die man in dieser Klasse erwarten darf. Wellness wird groß geschrieben.

Das Angebot an Restaurants steht dem an Hotels nicht nach:
Lulu: 31 Triq il-Knisja, Tel. 21 37 72 11, Filetto con Funghi Porcini ca. 5 Lm.
Kleines, sehr stilvolles Restaurant mit mediterraner Küche in einer ruhigen Seitenstraße.
La Dolce Vita: 159 Triq San Gorg, Tel. 21 33 70 36, tgl. 19–23 Uhr, Fisch ca. 4 Lm.
Geschmackvolles Ambiente und hervorragende (Fisch-)Küche. Im Sommer wird auch auf der Dachterrasse serviert (reservieren!).
La Maltija: 1 Triq il-Knisja, Tel. 21 33 96 02, tgl. ab 18 Uhr, im Winter auch So mittags, Kaninchen ca. 4 Lm.
Gemütliches, rustikales Restaurant, das sich lobenswerterweise auf maltesische Küche spezialisiert hat und nicht nur gängige Kaninchengerichte bietet. Ohne Reservierung kaum eine Chance.
Paparazzi: Spinola Bay, Tel. 21 37 49 66/67, tgl. ab 9 Uhr, Pizza ca. 3 Lm.
Legeres Restaurant, das zu jeder Tageszeit brummt. Auch hier führen Pizza und Pasta die Speisekarte an. Laute

Pop-Musik mischt sich mit dem Lärm von der Uferstraße.

Peppinos: Spinola Bay, 31 Triq San Gorg, Tel. 21 37 32 00, tgl. ab 19 Uhr, Weinbar tgl. auch 12–15 Uhr, Fischgerichte 4–5 Lm.
Das in einem alten Stadthaus untergebrachte Restaurant ist das Richtige für Fischesser und Weinliebhaber. Gutes Preis-Leistungsverhältnis, quirlige Atmosphäre, toller Blick von der Dachterrasse. Im Barbereich wird Wein auch glasweise kredenzt, dazu werden Kleinigkeiten gereicht.

Raffael: Spinola Bay, Tel. 21 33 20 00, tgl. 10.30–23 Uhr, Pasta ca. 2,80 Lm.
Der rustikale Ableger des San Guiliano unter den Arkaden, die Fischer einst zum Aufbewahren ihrer Netze nutzten. Ungezwungene Atmosphäre bei Pizza & Pasta.

San Guiliano: Spinola Bay, Tel. 21 33 20 00, tgl. außer Mo mittags 12–14.30, 19–23 Uhr, Lammkoteletts ca. 3,50 Lm.
Hervorragende Fisch- und Fleischgerichte.

Barracuda: Triq il-Kbira, Tel. 21 33 18 17, tgl. 19–23 Uhr, im Winter geschl., Fisch ca. 4 Lm.
Hervorragend ist nicht nur die Lage auf einem Felssporn an der Balluta Bay, auch das Ambiente und die italienisch-maltesische Küche verdienen großes Lob.

Piccolo Padre: im Untergeschoss des Barracuda (s. o.), Tel. 21 34 48 75, tgl. 18.30–23 Uhr, Pizza ca. 3 Lm.

Dem süßen Nichtstun frönen – in der Spinola Bay

Rustikales, entspanntes Ambiente und leckere Pizzas.

Busse Nr. 64, 68, 671 und 672 von/nach Valletta; Bus Nr. 65 fährt zum Fähranleger in Sliema und nach Rabat, Bus Nr. 70 zum Fähranleger in Sliema und nach Bugibba/Qawra.

Ziele in der Umgebung

Splash & Fun-Park (L7): Coast Road, Bahar ic-Caghaq an der Küstenschnellstraße von San Giljan (St. Julians) nach St. Paul's Bay (Bus Nr. 68 und Nr. 70), Tel. 21 37 42 83, tgl. 9.30–17 Uhr.
Dieser Freizeitpark mit Wasserrutschen und einem Spielplatz mit bunten Fantasiefiguren lässt Kinderherzen höher schlagen. Nebenan befindet sich der **Mediterraneo Marine Park,** der Seelöwen- und Delfinshows bietet. Die Eintrittspreise sind recht gesalzen.

Maltesischer Kalkstein

Kalkstein spielt auf Malta seit Jahrtausenden eine immens wichtige Rolle. Schon die Tempelbauer benutzten den harten Korallenkalk und den weichen Globigerinenkalk als Baumaterial. Der Globigerinenkalk, der sich aus den Ablagerungen kleinster Meerestiere gebildet hat, bestimmt bis heute ganz wesentlich das Bild der Insel – ihm verdanken die Inseln ihren honiggelben ›Anstrich‹. In der Nähe von Siggiewi wurde jetzt ein stillgelegter Steinbruch für Besucher geöffnet, wo der Abbau des Baumaterials auf anschauliche Weise erläutert wird. Sehr interessant!
The Limestone Heritage, an der Ortsumgehungsstraße von Siggiewi, Tel. 21 46 49 31, Mo–Fr 9–17 Uhr, Sa, So 9–12.30 Uhr, Eintritt 1,50 Lm.

Siggiewi (K10)

In die noch sehr ursprüngliche Ortschaft mit 7000 Einwohnern kommen Touristen nur auf dem Weg nach Ghar Lapsi. Mittelpunkt von Siggiewi ist die prächtige, von Lorenzo Gafà entworfene St. Nicholas-Kirche mit neoklassizistischem Vorbau des 19. Jh., ringsherum geht das Leben seinen althergebrachten Gang.

Sport & Strände

Ghar Lapsi (J11): Eine mit Schlaglöchern übersäte Straße führt vorbei an einem Steinbruch und einer Meerwasserentsalzungsanlage hinunter nach Ghar Lapsi (3,5 km). Der Name bedeutet ›Höhle der Himmelfahrt‹. Einst fanden Prozessionen zu einem Andachtsbild, das den Fischern gewidmet war, statt. Letzteren dienen die Schuppen noch heute zum Unterbringen ihrer Gerätschaften. Taucher und Schwimmer steigen von den Felsplateaus in das herrlich klare Wasser des Mittelmeers. Das einfache Restaurant *Lapsi View,* Tel. 21 82 16 08, sorgt fürs leibliche Wohl. Trittsichere Wanderer ›bahnen‹ sich ihren Weg zu den Megalith-Tempeln von Mnajdra und Hagar Qim. Als Orientierungshilfe dient der Johanniter-Wachturm in der Ferne – ihn gilt es zu erreichen. Von dort sind es nur noch wenige Meter bis nach Mnajdra.

Feste & Unterhaltung

Festa: Am letzten Sonntag im Juni feiert man den hl. Nikolaus.

Busse: Von/nach Valletta Nr. 89 und 94 (Letzterer im Juli/Aug. auch nach Ghar Lapsi).

Ziele in der Umgebung

Über eine schmale Straße gelangt man nach ca. 2 km zum **Laferla Cross** (Salib tal Gholja; J11). Das Kreuz markiert einen der höchsten Punkte der Insel (219 m). Am Abend von Gründonnerstag findet eine Fackelprozession von Siggiewi zum Kreuz statt.

Sliema (M8)

Die Stadt hat sich seit den 1970ern zu Maltas Touristenzentrum Nr. 1 entwickelt und ist vollständig mit den Nachbargemeinden Gzira, Msida und San Giljan (St. Julians) zusammengewachsen. Früher wohnten entlang der Uferfront reiche Briten, wovon hier und da noch prächtige Villen zeugen. Die meisten dieser Schmuckstücke mussten aber Hotelhochhäusern und Apartmentblöcken weichen. Geblieben ist die herrliche Uferpromenade, die sich allabendlich in eine quirlige Flaniermeile verwandelt.

Nur wenige Meter hinter der Promenade taucht man ein in stille Gassen mit ihren entzückenden, typisch maltesischen Häusern und kleinen Tante-Emma-Läden. Nur ganz wenige Touristen ›verirren‹ sich hierher.

Sehenswert

Hafenrundfahrt: Die Tour durch Marsamxett-Hafen und Grand Harbour darf man nicht verpassen. Tickets sind u. a. bei *Captain Morgan,* Tel. 21 34 33 73, sowie bei Agenturen und unmittelbar vor der Abfahrt in den Verkaufsstellen an der Straße The Strand (Ix-Xatt) erhältlich. Reizvoller als die Fahrten mit den großen Ausflugsbooten sind die, die mit den umgebauten traditionellen Luzzus durchgeführt werden.

Sport & Strände

Baden: Sliema hat zwar keinen Sandstrand, wohl aber ausgedehnte, flache Felsplateaus, von denen man über Leitern ins Wasser gelangt. Im Sommer schmoren die Sonnenanbeter hier dicht an dicht. An stürmischen Tagen sollte man Felsen und Wasser meiden, denn die Brandung gilt als ausgesprochen tückisch!

Wassersportgeräte verleihen die vielen privaten Lidos (Strandbäder) auf den Felsen: Sie bieten darüber hinaus Aktivitäten wie Paragliding und Wasserski an; Snackbuden und Bars versorgen mit Getränken und Speisen.

Tauchschule: *Dive Shack,* Ix-Xatt ta Qui-si-sana, Tel. 21 32 05 94, info@diveshackscuba.com.

Wassersport

Club Wave, Tower Road, am Preluna Hotel, Tel. 21 33 40 01, nur in der Hochsaison;

NSTS Aquacentre Beach Club, Ix-Xatt ta'Qui-si-sana, Tel. 21 33 85 68, bietet Windsurfen, Wasserski, Schnorcheln und andere Wassersportarten.

Fahrzeuge

Josephines: 47 The Strand (Ix-Xatt), Tel. 21 31 04 35, Fax 21 34 27 00, Fahrräder, Motorräder, Boote.

Mike's Rent a Bike: 95 The Strand (Ix-Xatt), Tel. 21 31 87 04, Fahrräder.

Einkaufen

Kaum ein anderer Ort auf Malta wartet mit so vielen Läden auf wie das schicke Sliema. Man hat also reichlich Gelegenheit, Mitbringsel zu erstehen.

Bücher: Großes Angebot an Literatur über Malta (auch in Deutsch) bei den Zeitschriftenläden im unteren Teil der

Tower Road. Gut sortiert ist die Buchhandlung Books in der Straße Triq Bisazza und der Agenda Bookshop im Plaza Shopping Centre (zumeist englischsprachige Bücher).
Schmuck: Gute Juwelierläden findet man in der Tower Road, z. B. Clavis Jeweller, Tel. 21 33 59 20 (vor allem Goldschmuck), oder Torri Jewellers, Tel. 21 33 60 25 (u. a. schöne Silberrahmen).
Mode & Lifestyle: Junge Mode (Sisley, Max Mara, Monsoon, Benetton etc.), Sportartikel und Schuhe amerikanischer Marken, CDs und Kosmetik in der Triq Bisazza im und rund um das Plaza Shopping Centre. Schicke Mode gibt's auch bei Mango, Tower Road (in der Nähe des Hotels Sliema Chalet).
Souvenirs: Mitbringsel bieten vor allem die Läden an The Strand zwischen Bisazza-Straße und der Triq Manwell Dimech.

Ausgehen

Das Nachtleben verläuft in recht ruhigen Bahnen, die Action überlässt man dem Nachbarort San Giljan (St. Julians). In Sliema flaniert und flirtet man allabendlich auf der Uferpromenade: vom Fortizza an der Tower Road bis auf die Qui-Si-Sana und hinter dem St. Julians Tower bis zur Balluta Bay.
Cafe Lanca: Ix-Xatt ta'Tigne, Ecke Triq Bisazza, Tel. 21 33 87 43, tgl. 11–23 Uhr.
Traditionsreicher In-Treff der Yuppies von Sliema. Nett zum Draußensitzen. Das Essen ist woanders besser.
Magic Kiosk: Pjazza Sant Anna, Tel. 21 33 56 53, tgl. 11–22 Uhr.
Ein idealer Ort, um den Trubel auf The Strand zu beobachten. Die Küche zählt nicht zu den schlechtesten in Sliema.
Plough'n Anchor: Triq il-Kbira (Main Street), Balluta Bay, Tel. 21 33 47 25, Di–So 12–14 Uhr, 18.30–22.30 Uhr.
Im Stil eines urigen englischen Pubs, mit Seefahrer-Touch dekoriert. Von der Decke baumelt eine riesige Sammlung kitschiger Bierkrüge. Im 1. Stock befindet sich ein Restaurant.

Feste & Unterhaltung

Festa: In Sliema kommt man aus dem Feiern fast nicht heraus: Am 2. Freitag nach Frühlingsbeginn, am 3. Sonntag im Juni, am 1. Sonntag im Juli, am Sonntag nach dem 18. August und am 1. Sonntag im September geht's hier hoch her.

Das Hotelangebot ist enorm, allerdings stammen viele Hotels aus den frühen Tagen des Tourismus. Besser wählt man stets die ›Superior-Zimmer‹, die eher einen der Klassifikation entsprechenden Standard bieten.
Trafalgar Guest House:
7 Triq Guze Howard,
Tel. 21 33 65 27, Fax 21 31 15 72,
B&B 8 Lm pro Person.
Freundliche, kleine Pension in zentraler Lage, ideal für preisbewusste Individualreisende.
The Comfort Inn: 29 Cathedral Street, Tel. 21 33 42 21, Fax 21 33 29 00, www.comfortinnmalta.com, anna@comfortinnmalta.com,
B&B 10 Lm pro Person.
In ruhiger Seitenstraße gelegene Pension mit sauberen, komfortablen Zimmern. Die Zimmer mit Fenster zum Belüftungsschacht sind etwas muffig, besser nach Zimmern zum Hinterhof oder zur ruhigen Straße fragen.
Imperial Hotel: Triq Rudolfu,
Tel. 21 34 40 93, Fax 21 33 64 71,
www.imperialhotelmalta.com,
imperial@waldonet.net.mt,
DZ 15 Lm.
Im Herzen von Sliema gelegenes Hotel mit herrlich plüschiger Atmosphäre.

Von Ix-Xatt starten die Boote der Hafenrundfahrt

Sehr schön sind Terrasse, Swimming-Pool und Garten.

Windsor Hotel: Triq Windsor, Tel. 21 34 04 49, Fax 21 33 43 01, www.sovereignhotels.com.net, DZ 30 Lm.

Empfehlenswertes, geschmackvoll eingerichtetes Mittelklasse-Hotel in einer Seitenstraße, wenige Schritte von der Uferpromenade entfernt. Fitnessraum vorhanden.

The Kennedy Nova: The Strand (Ix-Xatt) 116, Tel. 21 34 54 80, Fax 21 34 18 71, www.digigate.net/kennedy, DZ 40 Lm.

Wie das benachbarte Waterfront Hotel ein bisschen abseits vom Trubel und dennoch zentral gelegenes Hotel. Ansprechende Gestaltung der gesamten Räumlichkeiten.

The Waterfront Hotel: The Strand (Ix-Xatt), Tel. 21 33 34 34, Fax 21 33 35 35, www.waterfrontmalta.com, DZ 44 Lm.

Gehört mit dem benachbarten Kennedy Nova zu den anprechendsten Hotels in Sliema. Einige Zimmer bieten einen herrlichen Blick auf den Marsamxett-Hafen und Valletta.

Preluna Hotel & Towers: 124 Tower Road, Tel. 21 33 40 01, Fax 21 34 22 92, preluna@waldonet.net.mt, DZ/F Superior 56 Lm, Standard 44 Lm; im Winter ab 15 Lm/Person.

Das beste unter den 70er-Jahre-Hotels. Die Qualiät der Zimmer ist allerdings sehr unterschiedlich. Spektakulär ist die Aussicht aus den Zimmern zur Meerseite. Restaurant und die Lounge im 13. Stock sind sehr ansprechend gestaltet. Das Hotel besitzt ein eigenes, gepflegtes Lido.

Victoria Hotel: Triq Gorg Borg Olivier, Tel. 21 33 47 11, Fax 21 33 47 71, victoria@waldonet.nt.mt, DZ 55 Lm.

Angefangen von den Zimmern über das Restaurant bis hin zum Service stimmt in diesem stimmungsvollen Hotel wirklich alles. In einer ruhigen Seitenstraße und dennoch sehr zentral gelegen.

Crowne Plaza: Triq Tigne, Tel. 21 34 34 00, Fax 21 34 34 10,

hotel@crowneplazamalta.com,
DZ 80 Lm.
Das auf alten Befestigungsanlagen errichtete, auch von außen sehr ansprechende Hotel bietet alle Annehmlichkeiten, die man von einem Hotel dieser Klasse erwartet. Entspannung bieten z. B. ein Innen- und ein Außenpool sowie ein Lido. Einziger Wermutstropfen sind die Bauarbeiten am benachbarten Tigne Point, die hoffentlich bald abgeschlossen sind.

Mamma Mia: 8 Ix-Xatt ta Qui-si-sana, Tel. 21 33 72 48, tgl. 12–14 Uhr, 19–22 Uhr, Pizza ca. 3 Lm.
Immens populäres Restaurant mit ausgezeichneter Pizza, Pasta, Fleischgerichten und Hamburgern. Sehr lecker sind auch die Salate.
Black Pearl: Ta'Xbiex Marina, Tel. 21 34 39 70, im Winter tgl. außer So, im Sommer tgl. 19–22.30 Uhr, Fisch ca. 4 Lm
Stilechtes Piratenschiff, für Kinder eine Sensation. Serviert werden Fisch- und Fleischgerichte sowie Pasta. Im Sommer speist man auf dem Achterdeck.
Ta'Kris Restaurant: 80 Fawwara Lane, Tel. 21 33 73 67, tgl. 12.30 und 19 Uhr bis die letzten Gäste gegangen sind.
Das versteckt in einer Seitengasse liegende Restaurant ist in einer alten Bäckerei untergebracht. Atmosphäre und die Qualität der italienisch-maltesischen Küche sind gleichermaßen beeindruckend.
Il Galeone: Ix-Xatt ta'Tigne, Tel. 21 31 64 20, Mo–Sa 12.30–14, 19.30–22 Uhr.
Kleines, gemütliches Familienrestaurant mit sehr guter italienischer und französischer Küche, auch vegetarische Gerichte.
Divino: Tower Road, Il Fortizza, unter TGI Friday, Tel. 21 33 25 21, tgl. 12–15 Uhr, 19–23 Uhr, Fisch ca. 4 Lm.
Innovative Küche mit leckeren Speisen rund um das Mittelmeer. Und auch die Räumlichkeiten in dem alten Küstenfort aus dem 19. Jh. sind sehr ansprechend.
Ta'Kolina: Tower Road, Tel. 21 33 51 06, tgl. 18–22 Uhr, Kaninchen ca. 3,50 Lm.
In dem gut besuchten Restaurant machen viele Touristen ihre ersten ›Gehversuche‹ auf dem Gebiet der maltesischen Küche.

Busse Nr. 62, 64, 67, 68 und 671 von/nach Valletta; Nr. 64, 65, 66, 68, 70 und 671 weiter bis San Giljan (St. Julians). Mit Nr. 65 erreicht man Rabat, mit Nr. 70 Bugibba/Qawra, mit Nr. 652 über Qawra Ghajn Tuffieha, 627 über Birgu (Vittoriosa) Marsaxlokk.
Marsamxett-Fähre: Gegenüber vom Marina Hotel an Ix-Xatt ta'Tigne setzt alle 30 Min. eine Fähre nach Valletta über, Erwachsene 50 c, Kinder 30 c.

Ziele in der Umgebung

Manoel Island (M8): Auf dieser Insel im Marsamxett-Hafen fristen die Überreste des Fort Manoel aus dem 18. Jh. ein trauriges Dasein. Auf der dem Lazzaretto Creek zugewandten Seite der Insel liegen die verfallenen Gebäude des Lazzaretto, einst Quarantänestation der Johanniter. 40 Tage lang wurden die Schiffsbesatzungen hier isoliert, bevor sie Malta betreten durften. Auf diese Weise sollte dem Einschleppen von Seuchen vorgebeugt werden.
Msida (M9): Südlich des Lazzaretto Creek kommt man nach Ta'Xbiex mit vornehmen Villen aus der Zeit um 1900, dann in die mit Sliema zusammengewachsene Gemeinde Msida.

Reizvoll ist ein Bummel am Yachthafen, wo unter anderem auch der fast 100 Jahre alte Dreimastschoner ›Black Pearl‹ vor Anker gegangen ist. Das Schiff verrichtete einst auf der Ostsee seinen Dienst. Es wechselte dann mehrfach seine Besitzer, zu denen auch der Hollywoodstar Errol Flynn gehörte. Heute ist darin ein außergewöhnliches Restaurant (s. S. 79) untergebracht.

9

Highlight

Valletta (M/N8/9)

Valletta, mit 7000 Einwohnern eine der kleinsten europäischen Hauptstädte, wirkt wie aus einem Guss. Tatsächlich wurde der Ort erst kurz nach der Großen Belagerung von 1565 am Reißbrett geplant und innerhalb weniger Jahre aus dem Boden gestampft. Noch beim türkischen Angriff waren auf der Höhe, wo jetzt der Großmeisterpalast steht, die Geschützstellungen der Angreifer, das wollte man kein zweites Mal zulassen. Nur sechs Jahre nach der Grundsteinlegung durch Großmeister Jean Parisot de la Valette war die Stadt, die bis heute seinen Namen trägt, fertig gestellt – ganz nach den Vorstellungen der Renaissance mit schachbrettartigem Straßenplan, den man ungeachtet des hügeligen Geländes umsetzte. Im Zweiten Weltkrieg wurde die Stadt stark zerstört, doch man baute sie nach alten Plänen wieder auf. Heute bildet die lebhafte Republic Street (Triq ir-Repubblika) den Mittelpunkt der Stadt, in der sich überall das Wirken der Johanniter nachvollziehen lässt.

Sehenswert

St. John's Co-Cathedral:
St. John's Street,

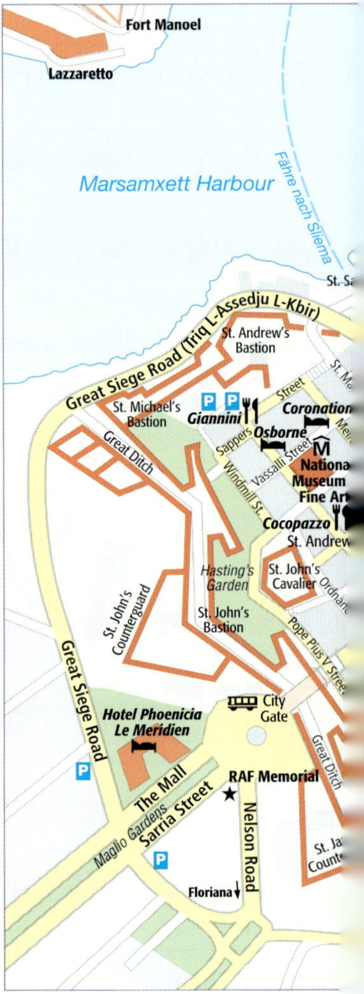

Mo–Fr 9.30–12.45, 13.30–17.15 Uhr, Sa 9.30–12.40, 16–17 Uhr.
Die Johannes dem Täufer, dem Schutzpatron des Johanniterordens, geweihte Kirche wurde im 16. Jh. von Gerolamo Cassar errichtet. Das von außen so nüchtern-strenge Gotteshaus entfaltet innen seine ganze Pracht. Dabei hat Napoleon einen großen Teil der Kunst-

werke mitgehen lassen. Seinem Zugriff entzogen sich aber die von Mattia Preti geschaffenen Deckengemälde, Meisterwerke der Barockmalerei, die ganz auf Illusion abzielen. Sie zeigen das Leben des Heiligen Johannes. Nicht minder beeindruckend ist der Boden – gut 400 unterschiedlich gestaltete Grabplatten aus kostbarem Marmor erzählen vom Leben und den Taten der einst darunter bestatteten Ordensritter.

Die Seitenkapellen sind den Landsmannschaften (Zungen), in die der Johanniterorden untergliedert war, zugeteilt. Darin sind Altäre untergebracht, deren Bilder den Schutzpatron der jeweiligen Landsmannschaft zeigen. Beeindruckend sind die aufwendig gestalteten Grabmonumente, die vom Selbstbewusstsein der Großmeister erzählen.

Im **Oratorium** wird Maltas wertvollstes Gemälde aufbewahrt: Caravaggios ›Die Enthauptung Johannes des Täufers‹, das zu den großen Werken der Kunstgeschichte zählt und durch seinen brutalen Realismus die Zeitgenossen verstörte.

Großmeisterpalast: Republic Street, im Winter Mo–Fr 8.30–15, So 8.15–16.15 Uhr, im Sommer 10–13 Uhr, Sa, So und an Feiertagen geschlossen.
In dem 1571 von Gerolamo Cassar begonnenen Gebäude residierten die auf Lebenszeit gewählten Ordensführer. Heute tagt hier das maltesische Parlament, zudem empfängt der Staatspräsident hier die Staatsgäste.

Porträts der Großmeister und Ritterrüstungen schmücken den Korridor im Piano Nobile. Der **Tapestry Room** birgt einen wunderbaren Gobelinsatz der ›Teintures des Indes‹ aus der Zeit Ludwigs XIV. mit exotischen Darstellungen aus der ›Neuen Welt‹. Sie wurden von Großmeister Ramon Perellos y Roccaful anlässlich seines Amtsantritts gestiftet.

Im **Großen Ratssaal** dokumentiert ein Fries von Matteo Perez d'Aleccio, der nach Augenzeugenberichten entworfen wurde, die Episoden der ›Großen Belagerung‹. Heute finden in diesem Raum Neujahrsempfänge statt.

Am Neptunshof liegt die **Waffenkammer** (Armoury, im Winter 8.30–16.30 Uhr, Sommer 9–13.30 Uhr, Eingang bei offiziellen Anlässen auf der Rückseite). Mit 5700 Stücken ist sie eine der größten Sammlungen aus dem 16./17. Jh. Besonders beeindruckend ist die goldverzierte Paraderüstung von Großmeister Alof de Wignacourt. Bei den osmanischen Helmen, Kettenhemden und Säbeln handelt es sich um Beutestücke der Ritter. Der zweite Innenhof ist nach dem Sohn von Queen Victoria, Prince Alfred, benannt. Den Jacaranda-Baum in der Mitte des Hofes pflanzte wie alle anderen Bäume der Prinz anlässlich seines Staatsbesuches 1858.

Manoel Theatre: Old Theatre Street, Tel. 21 22 26 18,
Mo–Sa um 10.30 und 11.30 Uhr Führungen (auch auf Deutsch).
1731 errichtet, gehört das Haus zu den ältesten Theatern Europas, das prachtvolle Auditorium nach dem Vorbild der Mailänder Scala stammt aus dem 19. Jh. Besonders nett sitzt man im Innenhof des kleinen Cafés.

Casa Rocca Piccola: 74 Republic Street, Tel. 21 23 17 96, Mo–Sa Führungen 10, 11, 12, 13 Uhr.
In dem schönen Gebäude erhält man einen sehr guten Eindruck von der einstigen Wohnkultur maltesischer Adelsfamilien.

Fort St. Elmo: St. Elmo Place, Führungen Sa zwischen 13 und 17, So zwischen 9 und 17 Uhr.
Die Anlage (heute eine Polizeiakademie), die die strategisch wichtige Spitze der Sciberras-Insel einnimmt, wurde während der Großen Belagerung wochenlang von den Ordensrittern bis zum allerletzten Mann verteidigt. Ein- bis zweimal im Monat finden hier die **In-Guardia** statt: Militärparaden in historischen Kostümen, die die Zeit des Johanniterordens wieder lebendig werden lassen.

War Museum: Spur Street, auf dem Gelände des Fort St. Elmo, im Winter tgl. 8.30–16.30, im Sommer tgl. 8–13.30 Uhr.
Malta im Zweiten Weltkrieg: Fotos und Relikte dokumentieren die Bombardie-

rung des Grand Harbour durch die deutsche und italienische Luftwaffe. Zu den Exponaten gehören einige Flugzeuge, darunter eins der drei Jagdflugzeuge, mit denen Malta seinen Luftraum verteidigte. Die Bilder des zerstörten Valletta zeigen, welche Anstrengungen nötig waren, um die Stadt in ihrem alten Glanz wieder erstehen zu lassen.

Sacra Infermeria (MCC):
Mediterranean/North Street,
Mo–Fr 9.30–16.30 Uhr,
Sa, So, Feiertage 9.30–13.30 Uhr.
Das frühere Hospital des Johanniterordens dient heute als Konferenzzentrum (Mediterranean Conference Centre). Trotz mehrfacher Umbauten blieb der gewaltige Krankensaal erhalten. Die Puppenshow ›The Knights Hospitallers‹ erzählt die Geschichte der Krankenpflege des Ordens. Und diese war für die damalige Zeit vorbildlich: pro Bett nur ein Kranker, die Bettwäsche wurde täglich gewechselt und das Essen auf silbernen Tellern serviert. Aufgrund dieser hervorragenden Hygiene wurden viele Verletzte und Kranke wieder gesund.

›Experience Shows‹: Maltas Geschichte im Schnelldurchgang bieten verschiedene Dia- und Puppen-Shows mit Kassettenton, die in der Regel recht interessant sind:
Malta Experience Show, gegenüber vom MCC, Tel. 21 24 37 76, Mo–Fr 6 x, Sa, So und an Feiertagen 3 x.
The Great Siege of Malta and the Knights of St. John, Republic Square, Tel. 21 24 73 00, tgl. 9–16 Uhr, die große Belagerung von 1565.
Sacred Island Show, links vom Eingang zu den Upper Barracca Gardens, Tel. 21 22 26 44, Mo–Fr 5 x, Sa 3 x, So und an Feiertagen 2 x, thematisiert die Religiösität der Malteser.

Eine Fahrt mit der Pferdekutsche

Nichts könnte romantischer sein als eine Fahrt mit der Pferdekutsche, *karrozzin* genannt, durch die engen Straßen und Gassen Vallettas und Mdinas. Viele der Kutscher fungieren dabei als Fremdenführer und weisen auf Sehenswürdigkeiten hin. Die *karrozzin* stehen in Valletta vor dem Großmeisterpalast und vor dem Stadttor in Mdina. Für eine halbe Stunde Fahrt sollte man nicht mehr als etwa 5 Lm pro Kutsche bezahlen.

St. Paul's Shipwreck Church:
St. Paul's Street, Eingang: St. Lucia Street, Mo–Fr 10–12, 13.30–17.30 Uhr, Sa und So bis 17 Uhr.
Nach der St. John's Co-Kathedrale ein weiteres Muss für ›Kirchgänger‹. Ebenfalls eine prachtvolle Barockkirche, aber ohne Massenandrang.

Upper Barracca Gardens: Der auf der St. Peter und Paul-Bastion gelegene ehemalige Exerzierplatz der italienischen Landsmannschaft mit Gartenanlage ermöglicht Erholung vom Pflastertreten und einen traumhaften Blick über den Hafen und die ›Three Cities‹ (s. S. 43). Einen ebenso schönen Hafenblick hat man vom Lower Barracca Garden mit dem neoklassizistischen Grabmal des ersten britischen Gouverneurs Sir Alexander Ball.

Auberge de Castille: Die Ritterherberge liegt an der höchsten Stelle der Stadt. Ursprünglich besaß der Bau eine ähnlich nüchterne Fassade wie die Auberge d'Aragon (West Street). Im 18. Jh. verlangte ein veränderter Zeitgeschmack nach einer Umgestaltung. Das Resultat: eine wundervolle Barockfas-

Kein einfaches Terrain für Kicker: Treppenstraße in Valletta

sade mit einer eleganten Freitreppe. Sie führt zu dem aufwendig gestalteten Portal mit der Büste des Großmeisters Manuel Pinto de Fonseca hinauf, der die Barockisierung in Auftrag gab. Heute residiert in dem Gebäude der Premierminister Maltas.

Museum of Archeology:
Republic Street, im Winter Mo–Sa 8.15–17, So 8.15–16 Uhr,
im Sommer 7.45–13.45 Uhr.
Geradezu ein Muss ist der Besuch dieses Museums, das in der ehemaligen Auberge de Provence untergebracht ist. Es zeigt die faszinierenden Exponate aus den verschiedenen Epochen der Tempelbauerkultur. Anhand von Modellen und Schaubildern werden die Entwicklung der Tempelarchitektur sowie Transport und Verarbeitung der tonnenschweren Megalithe verdeutlicht. Aufwendig gearbeitete Steinaltäre gehören ebenso zu den Ausstellungsstücken wie Steinblöcke mit realistisch dargestellten Tierprozessionen. Am faszinierendsten sind aber die zahlreichen figürlichen Darstellungen in den unterschiedlichsten Größen, darunter die berühmte ›Venus von Malta‹, die durch ihre exakte anatomische Ausarbeitung

besticht. Abgerundet wird die Sammlung durch verschiedene Scherben, Werkzeuge und Dias, die das Innere des Hypogeums zeigen.

The Toy Museum: 222 Republic Street, Juli–Sept. 10–16 Uhr, Okt.–Juni 10–13.30 Uhr.
Auf drei Stockwerken werden hier die schönsten Spielzeuge aus verschiedenen Epochen präsentiert.

National Museum of Fine Arts: South Street, im Winter Mo–Sa 8.15–16.30, So 8.30–15.30 Uhr, im Sommer tgl. 8–13.30 Uhr.
Neben italienischen (14.–17. Jh.) sind hier maltesische Kunstwerke zu sehen, z. B. von Mattia Preti, Maltas bedeutendstem Barockmaler. Dem außergewöhnlichen Werk des maltesischen Bildhauers Antonio Sciortino (1879–1974) ist ein ganzer Raum gewidmet. Er gilt als Maltas bedeutendster Vertreter der modernen Kunst.

Lascaris War Rooms: Lascaris Ditch, Mo–Fr 9.30–16.30, Sa, So 9.30–13 Uhr, letzter Einlass 30 Minuten vor Schließung.
Der ehemalige Befehlsstand des britischen Mittelmeeroberkommandos im Zweiten Weltkrieg, mit Originalmobiliar und lebensgroßen Puppen ausgestattet.

Einkaufen

Entlang der Republic Street reihen sich die Geschäfte aneinander: Die ganze Palette englischer und italienischer Marken ist hier zu haben.

Embassy Complex: St. Lucia Street. Moderne Einkaufsmeile mit vielfältigem Shopping-Angebot, gut sortierten Musikläden und Kino.

Sapienzas: 26 Republic Street. Große Auswahl an Büchern über Malta (auch auf Deutsch). Gute Auswahl an britischer und amerikanischer Literatur (in englischer Sprache).

Il-Monti-Markt: Mo–Sa bis ca. 12.30 Uhr auf der Merchants Street. Von Spitzenslips bis zu raubkopierten Kassetten; egal, ob man das braucht, sehenswert ist es schon.

Markthalle: Merchants Street. Am frühen Morgen Fisch und Fleisch, bis in die Mittagszeit Obst, Gemüse, Käse, Kräuter, Nüsse etc.

Sonntagsmarkt: Vormittags bis ca. 13 Uhr neben dem Busterminal vor den Mauern. Von Musikkassetten bis zu Haustieren – allein das Zuschauen macht Spaß.

Ausgehen

Bonaci Premier: Treasury Street, unter der Bibliotheca.
Stimmungsvolles Café. Guter Cappuccino und Caffé macchiato, dazu Kuchen und Mittagssnacks.

Caffè Cordina: 244 Republic Street, tgl. 8–20 Uhr.
Das traditionsreichste Café der Stadt (seit 1837) ist berühmt für seine süßen

Malta wie einst

Unter den vielen Shows, die auf Malta angeboten werden, gehört der Besuch der Ausstellung ›Traditions and Crafts of Malta‹ in Valletta zu den lohnendsten. Anhand lebensgroßer Puppen wird anschaulich dargestellt, wie die Menschen in den vergangenen Jahrhunderten lebten und arbeiteten. Zu der Ausstellung in der Hauptbastion hinter dem St. John's Cavalier gehört auch ein Café, von dem sich eine herrliche Aussicht über die Befestigungen der Stadt bietet (Mo–Sa 9.30–16 Uhr).

Leckereien! Man kann drinnen (oben ein toll ausgemalter Saal) oder draußen auf dem Platz sitzen.

Feste & Unterhaltung

Festa: Am 10. Februar, am 3. Sonntag nach Ostern sowie am 1. Sonntag im August.

Karneval: Kostümparade zwischen City Gate und Palace Square.

Great Siege Regatta: Farbenprächtige Bootsregatta im Grand Harbour am 8. September zur Feier des Siegs in der Großen Belagerung.

Independence Day: Am Vorabend des 21. Sept. großes Volksfest vor St. Publius, am nächsten Morgen eine Militärparade.

Tourist Information: 1 City Gate Arcades, Tel. 21 23 77 47, Mo–Sa 8.30–18, im Sommer auch So 8.30–13 Uhr.
Neben dem Büro am Flughafen das einzige offizielle Info-Büro auf der Hauptinsel.

Wer auf Nachtleben verzichten kann, liegt mit einer Unterkunft in Valletta richtig.

Midland Guesthouse:
255 St. Ursula Street, Tel. 21 23 60 24, B&B 6 Lm pro Person.
Von außen wirkt das Haus leicht angegammelt, innen ist es aber einfach, sauber und entzückend altmodisch; z. T. toller Ausblick über den Grand Harbour.

Coronation Guesthouse: M. A. Vassalli Street, Tel. 21 23 76 52 und 21 33 70 87 (Privatnummer des Besitzers), B&B 7 Lm pro Person.
Großer Komfort wird nicht geboten, aber eine heimelige Atmosphäre. Schöne saubere, farbenfroh gestaltete Zimmer! Manche bieten einen tollen Blick über den Marsamxett-Hafen.

The Grand Harbour Hotel:
47 Battery Street, Tel. 21 24 60 03, Fax 21 24 22 19, DZ 9,90 Lm.
Von einigen Zimmern des traditionsreichen 2-Sterne-Hotels sowie dem Restaurant und der Terrasse hat man einen herrlichen Blick.

Castille Hotel: Castille Square, Tel. 21 22 01 73, Fax 21 24 36 79, castillehotel@vol.net.mt, DZ 25 Lm.
Mittelgroßes, nett eingerichtetes Hotel in unmittelbarer Nähe der Upper Barracca Gardens; einige Zimmer mit typisch maltesischem Balkon. Vom Restaurant mit Terrasse genießt man eine fantastische Aussicht.

Osborne Hotel: 50 South Street, Tel. 21 23 21 27, Fax 21 23 21 20, osbornehotel@net.mt, DZ 28 Lm.
Sehr gepflegtes, geschmackvoll eingerichtetes Stadthotel mit 119 Betten. Die Zimmer sind großzügig geschnitten.

Phoenicia Le Meridien: The Mall, Floriana, neben dem Busterminal, Tel. 21 22 52 41, Fax 21 23 52 54, info@phoenicia.com.mt, DZ ab 75 Lm.
Das traditionsreichste 5-Sterne-Hotel der Insel hat sich trotz jüngster Renovierung den plüschigen Charme aus den Tagen des britischen Empire bewahrt. Zauberhaft ist auch der Garten mit dem beheizten Außenpool.

Sicilia Bar: 1 A St. John Street, neben Hotel Grand Harbour, Tel. 21 24 05 69, Mo–Sa 8–14.30 Uhr Mittagstisch, danach bis 18 Uhr Kleinigkeiten, Spaghetti ca. 2,95 Lm.
Unprätentiöses Lokal, zur Mittagszeit rappelvoll. Pasta und Fisch sind ausgesprochen gut, die Spaghetti Marinara ein Gedicht! Schön zum Draußensitzen, wenn da nicht die Tauben wären …

Still Alive Bar: Old Theatre Street (neben der Markthalle), Tel. 21 23 78

27, Mo–Sa 7–14 Uhr, Ravioli ca. 2 Lm. Spezialität des engen, einfachen Restaurants sind mit Ricotta gefüllte Ravioli in Tomatensauce.

Kings Own Band Club: Republic Street, Tel. 21 23 02 81, tgl. ab 8 Uhr, Mo und Do abends Bingo-Spiel (kein Restaurantbetrieb ab 21 Uhr), Spaghetti ca. 2 Lm.

Hinter dem kuriosen Namen verbirgt sich ein traditionsreiches, bei Maltesern und Touristen beliebtes Restaurant. Wen das schlichte Ambiente nicht stört, der isst hier recht gut.

Da Pippo: 136 Melita Street, Tel. 21 24 80 29, tgl. 11.30–15.30 Uhr, So und an Feiertagen geschl., Kaninchen 3,95 Lm.

Kleines, rustikales Restaurant, das gern von Geschäftsleuten aufgesucht wird und daher in der Regel spätestens ab 12 Uhr gerammelt voll ist. Leckere Pasta zu vernünftigen Preisen.

Cocopazzo: South Street, Tel. 21 23 57 06, Mo–Fr 9–15 Uhr, Sa 11–15, So 12.30–15 Uhr, tgl. 18.30–22 Uhr, Pasta ca. 3 Lm.

Abseits des Trubels werden hier leckere und abwechslungsreiche Speisen serviert – darunter Pizza, Pasta und Fischgerichte. Wochentags wird auch Frühstück angeboten.

Giannini: 23 Windmill Street, Tel. 21 23 71 21, Juli–Sept. 19.30–23 Uhr, Fleisch ca. 5 Lm.

Die hervorragende italienische Küche bei Giannini wird vor allem von Politikern und Geschäftsleuten geschätzt. Tipp für einen besonders schönen Abend: Diner auf der Terrasse.

Trattorija Palazz: 43 Old Theatre Street, Tel. 21 22 66 11, Mo–Sa 12–15, Mo–Do 19–22 Uhr, Fr und Sa bis 23 Uhr, Fisch 4 Lm.

Das attraktive Restaurant im Kellergewölbe der Nationalbibliothek bietet neben italienischer Küche auch maltesische Spezialitäten an.

La Cave: Castille Square, Tel. 21 24 36 77, tgl. 12–14.45, 18.30–22.45 Uhr, Pizza ca. 3 Lm.

Das Kellerrestaurant im Hotel Castille bietet hervorragende Pizza und Pasta. Besonders lecker ist die Pizza Maltija mit Schafskäse, Oliven und würziger maltesischer Wurst. Dazu gibt es eine große Auswahl offener Weine.

Nationalgericht Fenkata

Zu den kulinarischen Traditionen der Inseln gehört die Fenkata – ein großes Gemeinschaftsmahl, bei dem Maltas Nationalgericht Kaninchen *(fennek)* kredenzt wird. Nach der Legende verstand die maltesische Landbevölkerung diesen Schmaus als Akt der Rebellion gegen den Johanniterorden – die jagdbegeisterten Ritter setzten dem Kaninchen nach, verwehrten dieses Recht aber der einfachen Bevölkerung. Heute ist die Fenkata fester Bestandteil des L-Imnarja-Festes, das Ende Juni in den Buskett Gardens abgehalten wird. Auch zu besonderen Anlässen strömen die maltesischen Familien in die einfachen Dorfrestaurants, um sich dort mit Freunden Kaninchen-Ragout *(Fenek Stuffat)* munden zu lassen. Die Tiere stammen heute allerdings nicht mehr aus freier Wildbahn, sondern vom Züchter.

Busse: Vor dem City Gate liegt das zentrale Busterminal Maltas. Auf der Brücke zum Stadttor sind Tarife und Busrouten aufgelistet; Infos über

die nächste Abfahrt und die Busnummer erhält man auch im Servicehäuschen, Tel. 21 25 00 07/08/09.
Marsamxett-Fähre: Das Boot verkürzt den Weg nach Sliema erheblich. Abfahrt unterhalb der St. Andrew's Bastion (ausgeschildert); 7.45–18.15 Uhr meist im Halbstundentakt, Tel. 21 33 89 81.

Ziele in der Umgebung

Floriana (M9): Die Vorstadt Vallettas ist benannt nach dem Italiener Floriani, der 1634 die Befestigungsanlagen in diesem Gebiet errichtete. Einen angenehmen Rückzugsort nicht nur für maltesische Liebespaare bieten die Gärten auf beiden Seiten der Bastionen. Mittelpunkt Florianas ist die **St. Publius-Kirche,** vor der am 21. September der Independence Day mit einem Volksfest gefeiert wird. Die erhöhten Steinplatten auf dem Platz vor der Kirche verschließen unterirdische Speicher, in denen die Johanniter Getreide einlagerten. In dem Grünzug der **Maglio Gardens** (auch The Mall) stehen zahlreiche Monumente zur Geschichte Maltas, darunter auch eine Christus-Figur von A. Sciortino (s. S. 85).

Xemxija (H6)

Der Siedlungsgürtel rund um die St. Paul's Bay findet seinen Abschluss in dem kleinen Straßendorf Xemxija, das an der viel befahrenen Straße nach Mellieha und Cirkewwa liegt.

Sport & Strände

Baden: Von den Felsplateaus unterhalb des Ortes führen Leitern ins Wasser, das hier allerdings nicht so schön schimmert wie andernorts, da die Steine mit Algen bewachsen sind.

Tauchen: *Sub-Way Scuba Diving School,* Xemxija Hill 39, Tel. 21 58 06 11.
Mare D'Oro: Shipwreck Promenade, Tel. 21 57 30 02.
Vermietet Surfboards, Kanus, Paddelboote, Ruderboote.

Clubhotel Mistra Village: Xemxija Hill, Tel. 21 58 04 81, Fax 21 58 29 41, Apartment für Selbstversorger 26 Lm.
Die Anlage fügt sich harmonisch in die Landschaft ein. Es gibt Apartments für Selbstversorger, man kann aber auch im Restaurant speisen. Umfassendes Sport- und Animationsprogramm. Ideal für Familien.

Porto del Sol: Xemxija Road, Tel. 21 57 39 70, tgl. 12–14.30, 19–22.30 Uhr, im Sommer So, im Winter So Abend geschlossen, Fisch ca. 4 Lm.
Restaurant mit maltesischem Stammpublikum. Köstliche Fisch- und Fleischgerichte, gutes Preis-Leistungsverhältnis.

Busse: Nr. 43, 44, 45, 50, 52, 452 von/nach Valletta, Bus Nr. 48 von/nach Bugibba/Qawra; Nr. 51 pendelt zwischen Xemxija, Ghajn Tuffieha und Bugibba/Qawra. Bus Nr. 83 verbindet Xemxija mit Rabat. Im Sommer fährt Bus Nr. 50 bis zur Armier Bay; Nr. 45, 48 und 452 fahren bis zum Fähranleger nach Cirkewwa.

Zurrieq (L11/12)

Das im Südosten der Insel gelegene 9000-Einwohner-Städtchen Zurrieq gehört zu jenen maltesischen Städtchen, die sich ihren traditionellen Charakter

Fachsimpelei unter Fischern an der Blauen Grotte

bewahrt haben. Davon zeugt auch die komplett erhaltene Windmühle am nördlichen Ortseingang. Die Festa von Zurrieq gilt als eine der schönsten und aufwendigsten des ganzen Archipels.

Sehenswert

Die Dorfkirche **St. Catherine** (17. Jh.) birgt einige schöne Werke von Mattia Preti, der in Zurrieq lebte, als der Ort von der Pest heimgesucht wurde. Auch die kleine **Hal Millieri Chapel** in den Feldern im Westen, das besterhaltene Beispiel mittelalterlicher Sakralarchitektur auf Malta, ist beachtenswert – insbesondere wegen der Wandmalereien.

Feste & Unterhaltung

Festa: Am 1. Sonntag im September zu Ehren der hl. Katharina. Dies ist eines der größten Feste Maltas.

Busse: Nr. 32, 34 von/nach Valletta; Nr. 38 und 138 nach Hagar Qim und zurück mit Zwischenstopp an der Bootsanlegestelle zur Blauen Grotte.

Ziele in der Umgebung

Blue Grotto (K/L12): Auf dem Weg von Zurrieq nach Hagar Qim passiert man einen Abzweig, der zum Meer hinunterführt. Hier legen die Boote zur Blauen Grotte ab. Die faszinierende türkisblaue Färbung geht auf das starke Vorkommen von Blaualgen in diesem Küstenstreifen zurück. Am schönsten ist die Grotte, wenn man sie am Vormittag besucht.

Die mächtige Zitadelle über den Dächern von Rabat

Highlight 10

Dwejra Bay (A2)

Die Tour zu der Felsenbucht im Westen der Insel ist ein ›Must‹ auch für Tagesausflügler (ca. 6 km, Bus Nr. 91 nur im Sommer). Berühmt ist ist das **Azure Window,** ein Felsvorsprung, in den die tosende Brandung ein riesiges Fenster gewaschen hat. Besonders dramatisch wirkt die Szenerie an windigen Tagen, wenn hohe Wellen durch das Felsentor peitschen (s. Kasten S. 91).

Nicht weit davon entfernt liegt die kleine Inland Sea, ein ›Pool‹, der durch eine Felsspalte mit dem offenen Meer in Verbindung steht. Taucher nutzen diese Passage, und auch Fischerboote fahren an windstillen Tagen hindurch. Für Schwimmer ist das Unterfangen jedoch lebensgefährlich!

Abseits der Besucherströme liegt unterhalb des mächtigen Wachturmes eine von steil aufragenden Klippen gerahmte Bucht. Aus dem tiefblauen Wasser ragt ein einsamer Felsen, der **Fungus Rock,** hervor. Auf ihm ernteten die Johanniter eine schwammartige Pflanze, der sie eine blutstillende Wirkung zuschrieben. Für gutes Geld wurde die Medizin in ganz Europa verkauft. Kein Wunder, dass die Ritter eifersüchtig über ihr Monopol wachten. Der Wachturm wurde eigens eingerichtet, um unliebsame Konkurrenz fern zu halten. Jüngste wissenschaftliche Untersuchungen haben jedoch ergeben, dass die Pflanze keinerlei Heilwirkung besitzt. Heute weiß man, dass die erfolgreiche Behandlung von Patienten in den Krankenhäusern des Ordens in erster Linie der für die damalige Zeit ausgezeichneten Hygiene zu verdanken ist.

Mobile **Eisverkäufer** und eine **Imbissbude,** die neben Snacks auch Getränke anbietet, sorgen für das leibliche Wohl in der schattenlosen Dwejra-Bucht.

Gharb (B2)

Das im Westen der Insel gelegene Gharb (1000 Einwohner) ist eines der idyllischsten gozitanischen Dörfer. Entzückend ist der kleine Dorfplatz mit einer üppigen Barockkirche (s. Tour 5, S. 116). Eine Polizeistation, die rote Telefonzelle und die Bank für einen gemütlichen Plausch unter Dorfbewohnern fehlen hier natürlich auch nicht. Nicht minder hübsch ist das benachbarte Dorf San Lawrenz. Auch hier lädt der Dorfplatz zum Verweilen ein.

Sehenswert

Folklore Museum: Church Square 99, Gharb, Tel. 21 56 19 29, Mo–Sa 9–16, So 9–13 Uhr.
In 28 Räumen erzählen die von einer Familie aus Malta liebevoll zusammengetragenen Exponate – Druckmaschinen, Weinpressen, alte maltesische Trachten – von Alltag und Tradition auf der Insel. Schon das Gebäude aus dem frühen 18. Jh. ist sehenswert.

Einkaufen

Bei **Gozo Glass** (Tel. 21 56 19 74, neben Jeffrey's) kann man Glasbläsern bei der Arbeit zusehen. Nebenan werden die farbenfrohen Produkte verkauft.

Kempinski San Lawrenz Resort and Spa: Triq ir-Rokon, San Lawrence, Tel. 21 55 86 39, Fax 21 56 29 77.
Die in Richtung Dwejra Bay gelegene Hotelanlage ist perfekt in die Landschaft eingefügt. Erholung pur will das Hotel bieten und tut dies u. a. durch ein umfassendes Wellness-Angebot.

Salvina: il-Blata Street, Gharb, Tel. 21 55 25 05, tgl. außer Do.
Im gemütlichen Restaurant werden neben Fischspezialitäten auch typisch maltesische Gerichte serviert.
Jeffrey's: L'Gharb Street 10, Tel. 21 56 10 06, tgl. außer So 19–23 Uhr.
Das Restaurant am Ortseingang ist in einem alten Bauernhaus mit hübschem Innenhof untergebracht. Speisekarte je nach Marktangebot. Die bodenständigen Speisen sind ausgezeichnet.
... in San Lawrenz:
Tatitas: San Lawrenz Square, Tel. 21 56 50 99, tgl. 12–15 Uhr, 18–22 Uhr, mediterrane Küche, Fisch 5 Lm.
Kleines Familienrestaurant direkt am malerischen Dorfplatz. Schwer zu sagen, wo man schöner sitzt: an den Tischen auf dem Platz oder in dem ganz in Weiß gestalteten, stilvoll schlichten Interieur. Die maltesisch-mediterrane Küche schmeckt auf jeden Fall drinnen wie draußen gleich gut.

Mehrmals täglich pendelt der **Bus** Nr. 2 zwischen Rabat (Victoria) und Gharb hin und her.

Ziele in der Umgebung

San Dimitri-Kapelle (B1): Ein Spaziergang durch eine herrliche Landschaft führt zu der 2 km nördlich gelegenen Kapelle (s. S. 117).
Basilika von Ta Pinu (B2): In der Nä-

Auf dem Azure Window

Wer gut zu Fuß und festes Schuhwerk hat, dem empfiehlt sich der Gang auf das Azure Window. Links an der kleinen Kapelle vorbei bahnt man sich den Weg in Richtung Hochplateau. Von hier oben bietet sich nicht nur ein spektakulärer Blick auf die benachbarte Bucht mit ihren steil aufragenden Felsenklippen, im Gestein entdeckt man überall fest eingeschlossene Reste von Muscheln und Meerestieren. Der Beweis, das die maltesische Landmasse sich vor vielen Millionen Jahren unterhalb des Meeres gebildet hat. Wer ein bisschen sucht, findet hier wie in Clapham Junction (s. S. 68) Reste von rätselhaften Schleifkarrenspuren. Keine Angst, auch das Dach des Azure Window trägt noch so manches Jahr.

he von Gharb liegt inmitten von Zedern Maltas bedeutendstes Pilgerziel, diese wunderschöne Basilika aus dem späten 19. Jh. (tgl. 12.30–13 Uhr geschlossen, Bus Nr. 61 von Rabat).

Marsalforn (C/D1/2)

Der in einer weiten Bucht gelegene Badeort ist neben Xlendi Gozos zweite ›Touristenhochburg‹. Im Sommer geht es hier recht lebhaft zu – kein Vergleich jedoch mit den maltesischen Ferienzentren. Die breite Uferpromenade ist zum Flanieren wie geschaffen – was maltesische Familien und Touristen gleichermaßen zu schätzen wissen. Eine Reihe von Restaurants und Snackbars an der Hafenfront lädt zum Verweilen ein. Ähnlich wie in Xlendi sorgt der Bau neuer Apartmenthäuser dafür, dass der bis vor wenigen Jahren noch überschaubare Ort an den Rändern allmählich ›auszufransen‹ beginnt. Die Häuser, die um die Jahrhundertwende die Bucht säumten, sind wie fast überall auf Malta leider nahezu völlig verschwunden.

Sport & Strände

Strände: Vor dem Hotel Calypso gibt's einen Ministrand mit grobem Sand. An der gegenüberliegenden Seite der Bucht sonnt man sich auf Felsplateaus, Leitern führen ins klare Wasser. Besser badet man aber an der **Ramla Bay** (s. S. 101), einsamer ist's an der **Xwejni Bay** (s. S. 94).

Tauchschulen bieten Tauchkurse und Tagesfahrten per Boot an:

Nautic Team Gozo: Volcano Street, Tel. 21 55 85 07.

Gozo Aqua Sports: ›Green Valley‹, Rabat Road, Tel. 21 56 30 37.

Calypso Diving Centre: Seafront, Marsalforn Bay, Tel. 21 56 17 57.

Atlantis Diving: Hotel Atlantis, Qolla Street, Tel. 21 55 46 85.

Xwejni Bay: Das Salz in der maltesischen Suppe – hier wird es gewonnen

Ob man wie bisher gegen Gebühr die **Sportanlagen des Calypso Hotel** nutzen kann, stand wegen Renovierung der Anlage bei Drucklegung nicht fest. **Windsurfer** und **Wasserskifahrer** wenden sich an Xlendi Pleasure Cruises, Büro am Ende der Bucht Richtung Qbajjar, Tel. 21 55 56 67/21 55 99 67. Das Unternehmen veranstaltet auch Fahrten rund um die Insel sowie nach Comino. Ebenso Marsalforn Pleasure Cruises, Tel. 21 55 79 61, die um 11 Uhr per Boot zu den Badebuchten und nach Comino aufbrechen.

Ausgehen

Das Nachtleben spielt sich z. B. in der **Ritz Bar** (unter dem Gauleon) oder dem **Yellow Rock Pub,** Qbajjar Street, ab. Über dem Il-Kartell liegt die Cocktailbar **Cocktails & Dreams,** wo man sich bei Poolbillard und Videospielen vergnügen kann. Fr und Sa Nacht trifft man sich während der Sommermonate in der **Rook Disco.** Internet-Zugang bietet die **Dive Bar** an der Uferpromenade.

Apartments vermittelt z. B. Simon & Terri Grech, 41/4 St. Mary Street, Tel. 21 56 36 07, Fax 21 55 64 31.
Viele der Apartments gehören Lokal- und Ladenbesitzern an der Uferpromenade, die einem – auch in der Hochsaison – weiterhelfen können.

Electra Guesthouse: 12/13 Valley Rd., Tel. 21 55 61 96, B&B 5 Lm/Person.
Das kleine Hotel mit seinen 15 einfach eingerichteten Zimmern bietet die intime Atmosphäre eines Familienhotels.

Marsalforn Guesthouse: Rabat Road, Tel. 21 55 36 30, Fax 21 55 19 31, joe@vol.net.mt, B&B 5 Lm/Person.
So unprätentiös wie der Name ist das ganze Hotel: schlicht, sauber, preiswert. Von der Dachterrasse bietet sich ein schöner Blick. Angeschlossen ist ein kleines Restaurant, das Malteser gerne aufsuchen. Die Besitzerfamilie unterhält auch eine Anlage mit Apartments für Selbstversorger.

Lantern Guesthouse: Qbajjar Street, Tel. 21 56 23 65, Fax 21 55 62 85, B&B 5 Lm pro Person.
Wer eine saubere Unterkunft ohne viel Schnickschnack sucht, liegt hier genau richtig. Die Besitzerfamilie unterhält im gleichen Haus ein Restaurant, in dem man gut speisen kann.

Il-Plajja Guesthouse: 8 St. Joseph Street, Tel. 21 56 34 25, Fax 21 56 34 27, B&B 5,50 Lm pro Person.
Ordentliches Guesthouse in zentraler Lage mit geschmackvollen Zimmern. Angeschlossen sind ein Restaurant und eine Snackbar. Auch Apartments können gemietet werden.

Calypso Hotel: Das Hotel direkt an der Bucht wird gerade renoviert. Wann die sich immer wieder hinauszögernde Neueröffnung ansteht, war bei Drucklegung noch nicht sicher. Wenn es soweit ist, wird es wieder das erste Haus am Platze sein.

Atlantis Hotel: Qolla Street, Tel. 21 55 46 85, Fax 21 55 56 61, www.digigate.net/atlantis, DZ 26 Lm.
Etwas abseits der Bucht gelegen, bietet dieses 3-Sterne-Hotel in Familienbesitz viel Atmosphäre. Die Zimmer sind großzügig bemessen. Indoor-Swimming-Pool. Angeschlossen ist die Tauchschule Atlantis Diving (s. S. 92).

Nirgends auf Gozo gibt es so viele Restaurants wie in Marsalforn.

Il-Kartell: An der westlichen, nach Qbajjar hin gelegenen Seite der Bucht, Tel. 21 55 69 18, tgl. 10–17,

So weit das Auge reicht

Einen der schönsten Aussichtspunkte des maltesischen Archipel liegt in Wardija, einem Ortsteil der Dorfes Qala. Wie von einem Balkon blickt man über das tiefblaue Meer hinüber nach Comino, wo die Blaue Lagune türkisfarben leuchtet, bis hin nach Malta. Man erreicht ihn z. B. von Mgarr aus, wo oberhalb des Hafens in Richtung Rabat eine Straße nach rechts abzweigt. Vorbei am Grand Hotel geht die Fahrt in Richtung Qala. Der Aussichtspunkt am Ortseingang ist durch einige Blumenrabatte und Bänke erkennbar.

19–23 Uhr, Mi nur abends, Fisch ca. 3,50 Lm.
Das bei Einheimischen und Touristen beliebteste Restaurant. Besonders schön sitzt man direkt am Kai. Hauptsächlich frischer Fisch, aber auch Pasta und Fleischgerichte werden serviert. Wer maltesische Küche kosten möchte, hat die Wahl zwischen Fischsuppe, Kaninchen und Brajoli.
Pebbles: nahe Il-Kartell, Tel. 21 55 61 51, im Sommer tgl. 9–1, im Winter Mo–Fr 10–15 Uhr, Sa, So auch abends, Pasta ca. 2,95 Lm.
Auf den ersten Blick etwas unscheinbar, dennoch seit Jahren ein Renner aufgrund der guten, bodenständigen Küche.
Pulena: Marina Street, nahe Hotel Calypso, Tel. 21 55 97 77, im Sommer tgl. außer Mo 12–15, 18.30–23.30 Uhr, im Winter Mo–Sa 18.30–22.30 Uhr, So nur mittags, Fisch ca. 3,50 Lm.
Überschaubares Restaurant zum Drinnen- und Draußensitzen. Kreative italienisch angehauchte Küche, aber auch einige maltesische Gerichte.
Auberge Ta Frenc: an der Straße von Rabat nach Marsalforn, Tel. 21 56 42 71, tgl. ab 19 Uhr, So auch ab 12 Uhr, Fisch ca. 6 Lm.
Stimmungsvolles Nobelrestaurant in einem alten Bauernhaus mit umfangreichem Angebot, französische, italienische und maltesische Küche.
Ristorante Arzella: Menqa Harbour, Tel. 21 55 46 62, tgl. ab 19 Uhr.
Populäres Restaurant mit leckeren Fischgerichten und Meeresfrüchten.
... in Qbajjar:
Qbajjar-Restaurant: am Weg zur Xwejni Bay, Tel. 21 55 11 24, tgl. 9–22 Uhr, Pasta 2,50 Lm.
Einfaches, empfehlenswertes Familienrestaurant mit einer großen Terrasse. Es ist bekannt für seine riesigen Portionen.

Bus Nr. 21 mehrmals tgl. von/nach Rabat (Victoria).

Ziele in der Umgebung

Xwejni Bay (C1): Ein schöner Spaziergang führt am Meer entlang über **Qbajjar** zu der ca. 45 Min. nordwestlich gelegenen Bucht, wo man überall auf den Felsplateaus Salzpfannen entdeckt. Sie werden seit Jahrhunderten für die Meersalzgewinnung genutzt.

Mgarr (E3)

Wer mit der Fähre nach Gozo reist, betritt in Mgarr zum ersten Mal gozitanischen Boden. Sehr lebhaft geht es in dem kleinen Hafen zu, wo neben den Fährschiffen auch bunte Fischerboote und Segelyachten festmachen. Unten am Hafen kann man von einigen Restaurants aus dem geschäftigen Treiben zuschauen. Hoch über dem Dorf ragt die neogotische Dorfkirche Our Lady of Lourdes aus dem 19. Jh. empor (s. Tour 5, S. 116), links davon das mächtige Fort Chambray, die letzte Festung, die die Johanniter bauten.

Sport & Strände

Baden: Wer gut zu Fuß ist, kann von Mgarr aus nach **Mgarr ix-Xini** wandern (ca. 45 Gehminuten). In der fjordähnlichen Bucht, die den Johannitern als Hafen für ihre Flotte diente, kann man wunderbar schwimmen. Ein mächtiger Wachturm, der im 17. Jh. zum Schutz gegen Piraten gebaut wurde, ragt über dem schmalen Meeresarm auf. Zwischen Mai und September bietet eine Bar Kleinigkeiten an. Die Bucht ist auch mit dem Auto zu erreichen: An der Straße von Xewkija nach Sannat zweigt auf halbem Weg eine Stichstraße ab, die bis nach Mgarr ix-Xini hinunterführt.

Ausgehen

Gleneagles Bar: oberhalb von Manoels Restaurant. Beliebter Treffpunkt bei Einheimischen und Besuchern.

Touristeninformation: Mgarr Harbour (gegenüber dem Fähranleger), Tel. 21 55 33 43, Mo–Sa 9–13, 13.30–17 Uhr, So 9–12.30 Uhr.

Grand Hotel: St. Anthony Street, Tel. 21 55 61 83, Fax 21 55 97 44, belmont@waldonet.net.mt, DZ 50 Lm.
Hotel der gehobenen Kategorie mit 46 Zimmern. Den Gast erwartet eine gepflegte, wenngleich ein wenig unpersönliche Atmosphäre. Von den Balkonen ein hübscher Blick auf den malerischen Hafen von Mgarr.

L-Imgarr: Ghajnsielem, Tel. 21 56 04 55, Fax 21 55 75 89, mgarrhtl@mbox.vol.net.mt, DZ 70 Lm.
Wer fantastische Ausblicke liebt und Fünf-Sterne-Komfort schätzt, ist hier gut aufgehoben. Die Lage hoch über dem Hafen von Mgarr könnte kaum schöner sein – bis hinüber nach Malta reicht der Blick. Das gesamte Hotel ist ausgesprochen geschmackvoll und sehr persönlich eingerichtet.

Manoels Restaurant: Manoel de Vilhena Street, Tel. 21 56 35 88, tgl. ab 18 Uhr, Fisch ca. 5 Lm.
Direkt am Hafen gelegenes kleines Restaurant, das Fisch- und Fleischgerichte auf der Karte führt. Beachtung verdient die Weinkarte mit einer großen Auswahl an einheimischen und internationalen Weinen. Von der Terrasse hat man einen schönen Blick.

Il-Kcina tal Barrakka: 28 Manoel de Vilhena Street, Tel. 21 55 65 43, tgl. außer Mo 19.30–1 Uhr, Nov.–April geschlossen, Fisch ca. 5 Lm.
Wie das Manoels direkt am Hafen. Eins der besten Fischrestaurants der Insel! Die angenehm entspannte Atmosphäre wird auch von Einheimischen sehr geschätzt. Reservierung empfohlen.

Bus Nr. 25 von/nach Rabat (Victoria); die Abfahrtszeiten richten sich nach dem Fahrplan der Fähre.

Ziele in der Umgebung

Gozo Heritage (D3): Mgarr Road, Ghajnsielem, Tel. 21 55 14 75, Mo–Sa 9–17.15 Uhr.
›Multivisions-Show‹ am Weg nach Rabat (Victoria), ca. 3 km entfernt: Mit lebensgroßen Puppen und Licht- und Toneffekten wird Gozos Geschichte zum Leben erweckt. Geschmackssache!

11

Highlight

Rabat (Victoria) (C2/3)

Unangefochtenes Zentrum der Insel Gozo ist Rabat, Hauptstadt und mit 7000 Einwohnern größte Gemeinde des Eilandes. Das Städtchen war früher nach der englischen Queen ›Victoria‹ benannt, trägt aber jetzt offiziell wieder seinen alten arabischen Namen. Hoch über den Dächern der Stadt ragt stolz die Zitadelle auf, deren mächtige Mauern den Insulanern einst Schutz vor Piratenüberfällen boten und die heute die Hauptattraktion der Insel darstellt. Von hier oben schweift der Blick fast über die gesamte Insel. Ruhiger geht es in den bezaubernden Gassen der Altstadt zu, in denen sich das Alltagsleben der Gozitaner oft von seiner pittoresken Seite zeigt. Ein beliebter Treffpunkt ist der It-Tokk (Independence Square) im Herzen des Städtchens, wo man im Schatten von Bäumen und zwischen Marktständen ein Päuschen in den verschiedenen Cafés einlegen kann.

Sehenswert

Zitadelle: Es empfiehlt sich, die Zitadelle am frühen Morgen oder am späten Nachmittag aufzusuchen, wenn man die kleinen Gassen fast für sich allein hat. Das Licht lässt dann das Herz eines jeden Fotografen höher schlagen. Durch ein mächtiges Tor betritt man den Cathedral Square, wo sich der ehemalige Bischofspalast und der Gerichtshof befinden. Dominiert wird die Platzanlage aber von der Kathedrale, zu deren Portal eine herrliche Treppe hinaufführt. Die Hauptkirche der Insel wurde ab Ende des 17. Jh. von dem maltesischen Barockbaumeister Lorenzo Gafà errichtet (Besichtigung nur außerhalb der Messe, Eintritt 30 c). Kuriosum des Gotteshauses: Da man aus Geldmangel auf eine Kuppel verzichten musste, behalf man sich mit einem Deckengemälde, das eine Kuppel vortäuscht!

Folgt man der Gasse links der Kathedrale (Triq il-Fossos), gelangt man zu den Festungsmauern, auf denen man um die Zitadelle laufen kann. Der Blick von hier oben über die ganze Insel bis nach Malta ist sensationell. Zur Zitadelle gehören sehenswerte Museen:

Museum of Gozo: Tel. 21 55 61 44, Mo–Sa 8.30–16.30, So 8.30–15 Uhr. Das in einem schlichten ehemaligen Adelspalais untergebrachte Museum bietet einen guten Überblick über die Geschichte Gozos. Im Erdgeschoss ist der erste Raum rechts besonders interessant, wo Funde aus dem Tempel von Ggantija (s. S. 101) zu bewundern sind, darunter ein Stein mit einem Schlangenrelief, der wohl auf einen Fruchtbarkeitskult verweist. Das Obergeschoss birgt Funde aus der Zeit der Phöniker, Römer, Byzantiner und Araber.

Folklore-Museum:
Triq M. Bernardo,
geöffnet wie Museum of Gozo.
In einem Labyrinth von Zimmern, Kammern und Treppchen erzählen landwirtschaftliche Gerätschaften, Haushaltsgegenstände, Gewehre, Klöppeldeckchen, Puppenstuben u. v. m. von den alten Traditionen der Insel. Hochinteressant! Schade, dass ausführliche Erläuterungen fehlen.

Museum of Natural History:
geöffnet wie Museum of Gozo.
Liebevolle naturhistorische Sammlung zur Geologie sowie zur Flora und Fauna der Insel, untergebracht in einem Haus aus dem 17. Jh.

Amerija: gegenüber dem Museum of Natural History,
Mo–Sa 8.30 Uhr, So bis 15 Uhr.
In dem kleinen Museum sind Waffen,

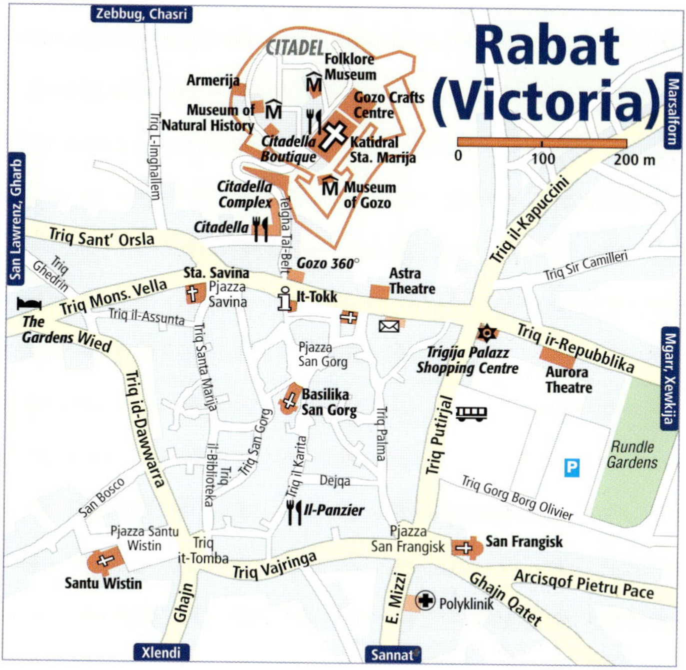

Rüstungen und Wappenschilder aus dem 16. und 17. Jh. ausgestellt.

Cathedral Museum: links hinter der Kathedrale, Mo–Sa 9–12.55, 13.30–16.30 Uhr.

Hier werden religiöse Kunst und liturgische Gegenstände aus dem Besitz der Kathedrale gezeigt.

Gozo Craft Centre:
hinter der Kathedrale,
Mo–Sa 9–16.30 Uhr,
im Sommer bis 18 Uhr.

Ein interessanter Überblick über das gozitanische Kunsthandwerk.

Old Prison: hinter dem Gerichtshof (Court of Justice), tgl. außer Feiertags 8.30–13 Uhr.

In dem alten Gemäuer mussten einst Übeltäter büßen. An ihr Los erinnern die Inschriften, die von den Gefangenen selbst stammen.

Sport

Gozo Sports Complex:
Tel. 21 56 06 77, Fax 21 56 06 79.

Bietet verschiedene Sportmöglichkeiten wie Tennis, Squash, Badminton, Tischtennis und einen Fitnessraum.

Einkaufen

Citadella Boutique: auf der Zitadelle, 4 Triq il-Fossos (s. Restaurants).

Hier kann man Kunsthandwerk aus Gozo kaufen – alles von Glas bis Klöppelwaren. Günstiger erhält man die Waren jedoch in den anderen kleinen Läden auf der Zitadelle. Besonders preiswert sind allgemein die verschiedenen Strickwaren, die von Hausfrauen in Heimarbeit angefertigt werden.

It-Tokk-Markt: unterhalb der Zitadelle auf der Pjazza Indipendenza, jeden Vormittag außer So.

Vor allem Textilien von Handtüchern über Unterwäsche bis hin zu Sonnenhüten. Links der Banca Giuturale wird frühmorgens fangfrischer Fisch verkauft. In den umliegenden Straßen bieten zahlreiche Läden allerlei Souvenirs an, auch Schmuckläden haben sich hier niedergelassen.

Ausgehen

Das Nachtleben auf Gozo hält sich in Grenzen. Außerhalb der Sommermonate, wenn der Tanzschuppen Nr. 1, **La Grotta** (s. S. 104), geschlossen hat, bleiben nur die **Discos im Astra** und **Aurora** (s. u.), die nur freitags und am Wochenende öffnen und vor allem von der Jugend Gozos besucht werden.

Astra & Aurora: Rabat (Victoria) verfügt gleich über zwei (!) **Opernhäuser,** beide in der Triq ir-Repubblika. Da sie privat finanziert werden, finden nur unregelmäßig Aufführungen statt. Wenn aber gespielt wird, ist halb Gozo und Malta anwesend. In der restlichen Zeit fungieren die Häuser als Treffpunkt des jeweiligen Band Clubs und bieten mancherlei Jugendfreizeitangebote.

Gozo 360°: am Aufgang zur Zitadelle, Mo–Sa 10–15.30 und So 10–13 Uhr jede halbe Std., Tel. 21 55 99 55.
Moderne Ton-Bild-Show; auch auf Deutsch (über Kopfhörer); abends zeigt man hier Kassenschlager aus Hollywood.

Zum Einkaufen und Flanieren nach Rabat ...

Feste & Unterhaltung

Festa: Am dritten Sonntag im Juli (St. George) und am 15. August (Santa Marija, Kathedrale) ist ganz Rabat aus dem Häuschen. Auch an **Karneval** ist der Inselhauptort das Zentrum verschiedener turbulenter Veranstaltungen.

Tourist Information: Pjazza Indipendenza Square (It-Tokk), Tel. 21 56 14 19, Fax 21 56 41 04, Mo–Sa 9–12.30, 13–17 Uhr, So/Fei 9–12.30 Uhr.

The Gardens: Triq Kercem, Tel./Fax 21 55 37 23, karmenu@mysc.de, B&B 4,50 Lm pro Person.

Die einzige Unterkunft in Rabat wird von der freundlichen Familie Vella unterhalten. Neben dem sehr einfachen Guesthouse für Reisende ohne große Ansprüche besitzen die Betreiber auch Apartments in Xlendi und Marsalforn.

Citadella Boutique: 4 Triq il-Fossos, Tel. 21 55 59 53, tgl. 10–17 Uhr, Platte mit gozitanischen Spezialitäten 3 Lm.
Im rustikalen Ambiente des kleinen Souvenirladens und im ersten Stock werden an hölzernen Tischen gozitanische Spezialitäten wie gepfefferter Bauernkäse, Kapern, knuspriges Bauernbrot, eingelegte Tomaten und hausgekelterter Landwein serviert. Ein Genuss! Unbedingt reservieren.

Il-Panzier: Triq il-Karita, Tel. 21 55 99 79, tgl. 12–14.30, 19–23 Uhr, Pasta ca. 2,50 Lm.
Das Restaurant mit seinem entzückenden Innenhof liegt versteckt im Labyrinth der Altstadtgassen. Das kulinarische Angebot umfasst neben Pizza und Pasta auch köstliche Fisch- und Fleischgerichte.

Citadella Restaurant: 14 Triq Sir Adrian Dingli, Tel. 21 55 66 28, tgl. 11.30-15 Uhr, gemischte Platte mit Lasagne, Ricotta, Timpana ca. 2,85 Lm.
Restaurant in einem historischen Gebäude mit umfassender Speisekarte, die auch einige gozitanische Spezialitäten offeriert. Sehr schön ist die schattige Terrasse, auf der es in den Mittagsstunden allerdings sehr quirlig zugeht.

Busse: Auf Gozo verkehren die Busse seltener als auf Malta. Einen Info-Kiosk gibt's am Terminal in der

Triq Putirjal (Main Gate Street), einen Fahrplan bei der Tourist Information. Am häufigsten fährt Bus Nr. 25, der u. a. am Hafen von Mgarr hält (Abfahrt in Rabat eine Dreiviertelstunde vor Ablegen der Fähre), nach Marsalforn und Xlendi kommt man etwa 5 x tgl.

Ziele in der Umgebung

Ansprechpartner für **Bootsausflüge** und **Taxifahrten** ist die Familie Vella (Adresse s. Hotels), bei der man auch Autos, Motorräder und Fahrräder mieten kann.

Sannat (C3)

Die hübsche 1700-Einwohner-Gemeinde wäre nicht weiter erwähnenswert, läge hier nicht das bekannte 5-Sterne-Hotel Ta'Cenc. Schmucke Anwesen, die, wie die Wappen an den Fassaden verraten, meist im Besitz von USA-, Kanada- und Australien-Heimkehrern sind, prägen das Ortsbild.

Ta'Cenc Hotel: Tel. 21 56 15 22, Fax 21 55 81 99, vjbgozo@maltanet.net, DZ 80 Lm. Auch wenn die Hotelanlage aus Bungalows inzwischen ein wenig in die Jahre gekommen ist, bietet sie immer noch ein hervorragendes Beispiel für die gelungene Intergration eines Hotels in die Landschaft. Den Mittelpunkt bilden zwei großzügig bemessene Pools. Aber auch einen Privatstrand nennt das Hotel sein Eigen. Der Service wird einem 5-Sterne-Hotel gerecht.

Ziele in der Umgebung

Ta'Cenc Cliffs (C4): In der Nähe von Sannat (ca. 30 Min. Fußweg südöstlich) fallen 145 m hohe Steilklippen ins Meer ab. Der atemberaubende Blick hinunter zum Meer ist nur etwas für Schwindelfreie.

... und Relaxen am Inland Sea, wo man sich in kleinen Snackbars stärken kann

Xaghra (D2)

Wie eine Reihe anderer gozitanischer Dörfer liegt Xaghra auf einem Tafelberg – an vielen Stellen bietet sich ein herrlicher Blick über die Insel. Der Ort gehört zu den größten Gemeinden Gozos, was seinem dörflichen Charakter aber keinen Abbruch tut. Xaghras Mittelpunkt ist der kleine Dorfplatz, der mit seinen Tante-Emma-Lädchen und Kneipen ein beliebter Treffpunkt der Einheimischen ist. Beim Bummel durch die Gassen stößt man immer wieder auf malerische Ecken. Förmlich ›vor der Haustür‹ liegt die schönste Bucht der Insel, vielleicht sogar des ganzen Archipels: die Ramla Bay.

Sehenswert

Ggantija-Tempel: am Ortseingang an der Hauptstraße nach Rabat (Victoria), Tel. 21 55 31 94, Mo–Sa 8.30–16 Uhr, So 8.30–14.30 Uhr.
Die auf 3600 v. Chr. (Baubeginn) datierte Tempelanlage ist die älteste große Kultstätte des maltesischen Archipels. Sie besteht aus zwei nebeneinander liegenden Tempeln, die von einer eindrucksvollen Megalithmauer umgeben sind. Im südlichen Tempel kann man neben Trank-Opferlöchern, Bankaltären und Feuerstellen auch die sorgfältig gefügten Steine der Innenmauer bewundern. In diesem Teil der Kultstätte wurde auch die Steinplatte mit dem Schlangenrelief gefunden, die heute im Archäologischen Museum von Rabat (Victoria) (s. S. 96) aufbewahrt wird. Der nördliche Tempel ist leer. Die Altäre, die hier gestanden haben, sind während der Ausgrabungsarbeiten im 19. Jh. abhanden gekommen.

Dorfkirche: Pjazza Vittorja. Xaghra besitzt die prachtvollste aller gozitanischen Dorfkirchen. Das Innere ist mit feinstem italienischem Marmor ausgekleidet – das Geld dafür haben die Dorfbewohner gespendet.

Xerris Grotto und Ninus Cave: ab dem Dorfplatz ausgeschildert, vormittags und nachmittags geöffnet.
Beim Bau von Zisternen entdeckte man unter zwei Wohnhäusern Ende des vorigen Jahrhunderts Tropfsteinhöhlen, die man heute besichtigen kann. Die Eintrittskarte gilt auch für den Besuch der Windmühle von Ta'Kola.

Ta'Kola-Windmühle: östlich der Kirche, Tel. 21 56 10 71, Mo–Sa 8.30–16, So 8.30–14.30 Uhr.
Im Auftrag des Großmeisters Manoel de Vilhena im 18. Jh. errichtet, beherbergt die Mühle – inzwischen liebevoll restauriert – ein kleines Museum, das anschaulich zeigt, wie die Müllerfamilien früher lebten. Die Eintrittskarte gilt auch für die Tempelanlage von Ggantija.

Museum of Toys: 10 Gnien Xibla Street, Tel. 21 56 24 89, April/Mai Do, Fr, Sa 10–13 Uhr, Juni–Mitte Okt. Mo–Sa 10–12, 15–18 Uhr, Winter nur Sa 10–13 Uhr.
Das Museum an der Straße zur Ramla Bay entzückt Jung und Alt mit seiner hübschen kleinen Sammlung von alten Puppen und anderem Spielzeug.

Highlight 12

Ramla Bay: Von Xaghra fährt man noch ca. 2 km hinunter zur schönsten Bucht Gozos. Feiner Sand, glasklares Wasser! Müßig zu erwähnen, dass es hier im Sommer voll wird. Man kann Sonnenschirme und Liegen leihen und sich in Snackbars stärken (im Sommer hält Bus Nr. 42 aus Rabat/Victoria am Strand).

Ramla Bay – die schönste Bucht des Archipels

Einkaufen

Schräg gegenüber vom Spielzeugmuseum liegt eine Bäckerei/Konditorei, die köstliche Backwaren offeriert.

Feste & Unterhaltung

Die **Festa** der Gemeinde wird am 8. September gefeiert.

Cornucopia: 10 Gnien Imrik Street, Tel. 21 55 64 86, Fax 21 55 29 10, xagharlodge@waldonet.net.mt, DZ 30 Lm.
Wunderschönes, zum Teil in einem alten Landhaus eingerichtetes Hotel. Im begrünten Innenhof kann man sich an zwei Swimming-Pools erholen. Von einigen Zimmern hat man einen fantastischen Blick. Im Sommer wird einmal pro Woche ein romantischer Grillabend bei Kerzenlicht veranstaltet – auch Nichtgäste sind willkommen.

Ir-Razzett: Xaghra, Tel. 21 56 06 56, Fax 21 56 39 44, acamilleri@waldonet.net.mt, 55 Lm pro Nacht für bis zu 6 Personen.
Romantisches Farmhouse in der Nähe der Ggantija-Tempel.

Oleander: Pjazza Vittoria, Tel. 21 55 72 30, Di–So 11.30–15, 19–22 Uhr, Ravioli ca. 3 Lm.
Auch bei Einheimischen sehr populäres Restaurant, das einfache gozitanische Spezialitäten wie Kaninchen (Fenek) serviert. Die Qualität unterliegt allerdings Schwankungen.

Gesther: Vjal it-8 Ta'Settembru, Mo–Sa 12–14.30 Uhr, Bragioli ca. 2,50 Lm.
Einfaches Lokal mit Hausmannskost an der Straße zu den Ggantija-Tempeln.

Il-Misran: 85 Pjazza Vittorja, Mo–Sa 12–14.30 Uhr, Pasta 2 Lm.
Preiswerte Hausmannskost.

Busse: Mehrmals täglich pendeln die Busse Nr. 64 und 65 zwischen Xaghra und Rabat (Victoria) hin und her.

Ziele in der Umgebung

Calypso's Cave (D2): ausgeschildert von der Straße von Xaghra nach Marsalforn. Oberhalb der Ramla Bay liegt die Höhle der Kalypso, in der – so die Legende – Odysseus von der liebeshungrigen Nymphe Kalypso sieben Jahre lang festgehalten wurde. Der Ausflug

lohnt sich allein schon wegen des herrlichen Blicks, den man dort oben hat. Unterhalb des Aussichtspunkts soll die (heute eingebrochene) Höhle der Kalypso gelegen haben. Hinter der schmucken Sommervilla unterhalb der Aussichtsplattform führt ein steiler Pfad zur Ramla Bay hinunter.

Xlendi (B3)

Während die Einwohner des kleinen Ortes früher vor allem vom Fischfang lebten, stellt heute der Tourismus ihre Haupteinkunftsquelle dar. Kein Wunder: Xlendis Lage in einer schmalen, von steilen Felswänden begrenzten Bucht ist einzigartig. An der kleinen, am Wasser entlangführenden Promenade oder auf den Plateaus auf der linken Seite der Bucht kann man unter Sonnenschirmen wunderbar relaxen. Leider machen sich in Xlendi aber auch die Schattenseiten unkontrollierter Bauwut bemerkbar: Einige Apartmenthäuser gammeln halbfertig vor sich hin.

Sport & Strände

Baden: Von der Promenade an der Xlendi-Bucht gelangt man über Leitern ins glasklare Wasser. Am Wachturm, der sich am südlichen Ende der Bucht erhebt, wird es stiller. Von hier führen Pfade durch die Felder in Richtung der Steilklippen von **Ta'Cenc** (s. S. 100).

Tauchschule St. Andrew's Diver Cove: Xlendi-Bucht, Tel. 21 55 13 01, Fax 21 56 15 48.

Neben Tauchgängen für erfahrene Taucher auch Anfängerkurse.

Xlendi Pleasure Cruises: zu buchen bei Xlendi Tourist Service an der Bucht im Restaurant Churchill, Tel. 21 56 25 48.

Verschiedene Wassersportarten und Bootsausflüge z. B. zur Insel Comino.

Ausgehen

La Grotta: Rabat Road, etwas außerhalb. Eine Disco der Superlative, das Zentrum des Nachtlebens für ganz Gozo: Geschickt auf mehreren Ebenen über dem Tal von Xlendi angelegt, teils im Freien, teils in einer Felsengrotte, mit verschiedenen Tanzflächen und Bars sowie einer Pizzeria, bietet die Anlage Platz für 3000 Leute (Juni bis Oktober ab 21 Uhr, Eintritt 1 Lm). Wer es ruhiger mag, ist nebenan im **Echoes** (Bar und Nachtclub in einem) gut aufgehoben.

Sun-shine Bar & Restaurant: 7 Rabat Road, Tel. 21 55 44 58. Tagsüber Snackbar, abends Club.

Guesthouse San Antonio: Tower Street, Tel. 21 56 35 55, Fax 21 55 55 87, B&B 10 Lm pro Person.

Reizendes Guesthouse mit hellen, freundlichen Zimmern, eingebettet in einen Garten mit Pool und Terrasse.

San Andrea: Xlendi Promenade, Tel. 21 56 55 55, Fax 21 56 54 00, www.hotelsanandrea.com, reservations@hotelsanandrea.com, B&B 16 Lm.

Recht neues, stilvoll eingerichtetes 3-Sterne-Hotel mit 28 Zimmern. Von den Zimmern mit Seeblick bietet sich ein herrlicher Blick über die Bucht.

Hotel Serena Beach Club: Upper St. Simon Street, Tel. 21 55 37 19, Fax 21 55 74 52, www.serena.com.mt, serena@vol.net.mt, DZ mit Seeblick 28 Lm.

Familienhotel hoch über der Bucht von Xlendi. Gäste können zwischen Selbstversorgung und Halb- bzw. Vollpension wählen. Neben einer Sonnenterrasse (herrlicher Blick!) und kleinem Swimming-Pool steht auch ein Laden zur Verfügung.

St. Patrick's Hotel: Tel. 21 56 29 51, Fax 21 55 65 98, www.vjborg.com, st.patricks@waldonet.net.mt, DZ 40 Lm mit Seeblick.

Kleines, freundlich eingerichtetes Hotel an der quirligen Promenade. Von einigen Zimmern und der Dachterrasse bietet sich ein fantastischer Blick über die Bucht. Die Zimmer zum überdachten Innenhof hin sind etwas stickig.

Apartments: In Xlendi gibt es zahlreiche Apartmenthäuser. Die komplett ausgestatteten Wohnungen kann man bei Privatanbietern oder über Agenturen mieten, z. B. *Ulysses Tourist Service*, Tel. 21 55 16 16, Fax 21 55 46 06.

Moby Dick: Tel. 21 55 01 51, tgl. ab 9.30 Uhr (bis der letzte Gast geht), Pizza ca. 2,95 Lm.

Pizza & Pasta-Restaurant an der Promenade mit Außengastronomie; bei jungen Leuten beliebt.

Paradise Bar: Mount Carmel Street, Tel. 21 55 68 78, tgl. außer Mo 12–14, 19–22 Uhr, Fisch ca. 4 Lm.

Ausgesprochen einfaches Restaurant; Elvis-Fans werden sich hier im siebten Himmel fühlen: Die Wände sind über und über mit Erinnerungsstücken an den King of Rock'n'Roll dekoriert. Wer dem Sänger nichts abgewinnen kann,

Gozo: Himmel, Felder und der Blick aufs weite Meer ...

sollte sich nicht abschrecken lassen. Die Fischgerichte, allen voran Calamari, sind sehr gut.

Churchill: Tel. 21 55 11 49, tgl. 10 bis ca. 22 Uhr, Pasta ca. 2,95 Lm.
Kleines Restaurant in einer ehemaligen Fischerhütte im Süden der Bucht. An Tischen direkt am Wasser genießt man leckere Pizza, Fisch- und Fleischgerichte.

Stone Crab: Tel. 21 55 64 00, tgl. 12–24 Uhr, Fisch ca. 4 Lm.
Hübsches kleines Restaurant im Süden der Bucht, direkt am Wasser. Die Speisen von Pizza und Pasta über Fleisch bis hin zu Fisch sind durch die Bank empfehlenswert.

It-Tmun: 3 Mount Carmel Street, Tel. 21 55 15 71, tgl. außer Di 12–14, 18.30–22 Uhr.
Etwas abseits der Uferpromenade gelegenes kleines, rustikales Restaurant, das mit einer soliden Küche aufwartet – sie gilt als eine der besten der Insel. Besonders zu empfehlen sind die Fischgerichte.

Il-Terrazzo: St. Simon Street, Tel. 21 56 29 92, tgl. außer Mo 12–14, 18.30–24 Uhr, Fisch ca. 4,50 Lm.
Über der Bucht gelegenes Restaurant mit stilvollem Ambiente, gehobene Preise. Gute, italienisch beeinflusste Küche, die auch bei den Einheimischen ankommt. Wunderbar ist die Terrasse hoch über der Bucht.

Ic-Cima Restaurant: St. Simon Street, Tel. 21 55 84 07, tgl. außer Mo 12–14, 18.30–24 Uhr, Pizza ca. 3 Lm.
Pizza, Pasta, Fisch und einige maltesische Gerichte. Sagenhaft sitzt es sich auf der Terrasse hoch über der Bucht.

Bus Nr. 87 von/nach Victoria (4 x tgl., So 3 x).

Extra-

Fünfmal Malta, Natur und Kultur

1. Im Land der Großen Muttergöttin – Megalithkultur und Naturgeschichte im Osten Maltas
2. Auf den Spuren des Johanniterordens – Vittoriosa (Birgu) und Valletta

Alle Touren sind auf dem großen Faltplan eingezeichnet

Touren

3. Wo der Kümmel wuchs – Die Pirateninsel Comino
4. Auf Schusters Rappen Wanderung von Rabat zu den Dingli–Klippen
5. Wo die Uhren langsamer gehen – Traditionelle Dörfer, mauergesäumte Felder und traumhafte Buchten auf Gozo

Tour 1

Ein Meisterwerk der frühen Architekten: der Mnajdra-Tempel

Im Land der Großen Muttergöttin

Megalithkultur im Osten Maltas

Ein Blick in Maltas Frühzeit: Faszinierende Megalithtempel, älter als die ägyptischen Pyramiden und in dieser Form nur auf Malta existierend, stehen ebenso auf dem Programm wie der Besuch der Höhle von Ghar Dalam, wo man neben jahrtausendealten Tierknochen auch die frühesten Spuren menschlicher Besiedlung fand.

Hagar Qim

Von Valletta geht es zunächst durch dicht besiedeltes Gebiet nach **Siggiewi** (K10; s. S. 75) im Süden Maltas. Die Straße zur Tempelanlage von Hagar Qim ist ausgeschildert. Sie führt durch ein von Landwirtschaft geprägtes Gebiet mit den typischen, von Steinwällen umfriedeten Feldern. Wer im Meer baden möchte, kann zu der kleinen Felsenbucht **Ghar Lapsi** (J11; s. S. 75) abzweigen. Folgt man der Landstraße, erreicht man bald **Hagar Qim** (K11; s. S. 52). Die um 3000 v. Chr. entstandene Kultstätte ist gut erhalten. Faszinierend ist die außergewöhnliche Struktur aus mehreren Räumen, welche die typische Form hintereinander gruppierter, nierenförmiger Räume durchbricht.

Links vom Eingang führt ein breiter Weg hinunter zum Tempel von **Mnajdra** (K11; s. S. 53). Hier beeindrucken neben den mächtigen Fassaden aus Korallenkalksteinblöcken die aufwendigen Punktdekorationen und der Gewölbeansatz, den man am rechten Tempel erkennen kann. Vom Platz vor der Tempelfront bieten sich herrliche Ausblicke, u. a. zum Felseninselchen Fifla.

Zurück auf der Landstraße in Richtung Zurrieq empfiehlt sich ein Abstecher zur **Blauen Grotte** (L12; s. S. 89). Bei ruhiger See steuern Fischerboote das eindrucksvolle, von türkisblauem Wasser umspülte Naturmonument an. Einen herrlichen Blick auf das Meer hat man vom Aussichtspunkt gleich hinter dem Abzweig zur Blauen Grotte rechter Hand der Straße in Richtung Zurrieq. Von hier aus sieht man auch den Eingang zur Grotte.

Ghar Dalam

Von Zurrieq aus folgt man der Straße in Richtung Flughafen. Sie führt in einem Tunnel direkt unter der Start- und Landebahn hindurch. An einem Kreisel hält man sich Richtung Zejtun, wo die Straße nach Birzebbuga abzweigt. Kurz bevor diese die Marsaxlokk Bay erreicht, liegt rechter Hand **Ghar Dalam** (N11; s. S. 45), die ›Höhle der Finsternis‹. Das neu gestaltete **Museum** erklärt die

Entstehung der Höhle sowie deren Erforschung durch Paläontologen. In einem Raum sind zahlreiche Knochenfunde ausgestellt. Das komplette Tiergerippe im Schaukasten in der Mitte des Raumes ist modern – ein Zwergelefant in vergleichbarer Größe wurde ebenfalls in der Höhle gefunden.

Im **Inneren der Höhle** dokumentiert der Höhlenboden Maltas Entstehungsgeschichte. Man hat u. a. Knochen von Tieren gefunden, die vor Tausenden von Jahren auch in Italien beheimatet waren – ein Indiz dafür, dass Malta einmal mit dem europäischen Festland verbunden war.

Tarxien

Es lohnt sich, die Fahrt nach Tarxien über Marsaxlokk fortzusetzen, vorbei am **St. Lucian Tower** (O11), einem alten Wachturm aus der Johanniterzeit, in dem heute ein meeresbiologisches Institut untergebracht ist. Dann **Marsaxlokk** (N/O11; s. S. 55), ein Ort wie aus dem Bilderbuch: In der sanft geschwungenen Bucht schaukeln bunte Fischerboote im türkisblauen Wasser. Nach 6 km hat man **Tarxien** (M10; s. S. 65) erreicht, eine kleine Stadt, die nicht besonders bemerkenswert wäre, gäbe es hier nicht eine weitere Tempelanlage. Die inmitten des Häusermeeres gelegene Kultstätte markiert den Höhepunkt und zugleich das Ende der Tempelbauerkultur. Warum diese so hoch stehende Kultur unterging und wohin die Menschen verschwanden, konnte bislang nicht geklärt werden. Wie in Hagar Qim trifft man auch hier auf eine Abfolge nierenförmiger Kulträume: Der mittlere Tempel besteht sogar aus einer Flucht von drei aufeinander folgenden Räumen. Sie bargen einst mit Spiralmustern und Tiermotiven verzierte Altäre. Besonders eindrucksvoll ist der Überrest einer Monumentalfigur in der rechten Apsis des ersten Tempels – diese Figur soll einst 2,50 m hoch gewesen sein. Die Stücke, die man heute in Tarxien sieht, sind Repliken – die Originale stehen im Museum in Valletta (s. S. 84).

Hypogeum

Ganz in der Nähe befindet sich ein weiteres Highlight aus der Zeit der Tempelbauer: Das **Hypogeum** (M10; s. S. 65), eine unterirdische Grabanlage und Kultstätte, die die gleichen Strukturen wie die oberirdischen Tempelanlagen aufweist. Den Besuch muss man im Voraus anmelden und festgelegte Führungen wahrnehmen (s. Kasten S. 65). Nach weiteren 6 km ist Valletta erreicht, wo ein Besuch des Archäologischen Museums (s. S. 84) mit den Originalfunden der Megalithkultur die Reise in Maltas Vergangenheit abrundet.

Tour-Info

Dauer: Man sollte sich einen ganzen Tag Zeit nehmen. In den Sommermonaten teilt man die Tour besser auf zwei Tage auf, da die Museen zwischen dem 1.6. und dem 30.9. um 14 Uhr schließen. An Feiertagen sind öffentliche Museen und Ausgrabungsstätten geschlossen. Hat man Tickets für das Hypogeum, richtet sich das Programm nach der Zeit, zu der man die Grabanlage besichtigen kann (s. S. 65). Festes Schuhwerk und Sonnenschutz sind für die Besichtigung der Tempel empfehlenswert.
Einkehren: Für die Mittagspause bietet sich das Fischerdorf Marsaxlokk (s. S. 55) an.

Tour 2

Rastplatz mit Aussicht: Upper Barracca Gardens

Auf den Spuren des Johanniterordens

Birgu und Valletta

An fremden Herrschern hat es Malta bekanntlich nie gemangelt, doch keiner der Eroberer hat der Insel so sehr seinen Stempel aufgedrückt wie der Johanniterorden. Rund um den Grand Harbour – in Birgu (Vittoriosa) und der Hauptstadt Valletta – trifft man auf eine Reihe prächtiger Gebäude, die zu einer Reise in die Zeit des stolzen Ritterordens einladen (M/N8/9).

Birgu (Vittoriosa)

Den Auftakt bildet die **St. John's Bastion** in Birgu (Vittoriosa; s. S. 43), die zu dem mächtigen inneren Verteidigungsgürtel gehört, den die Ritter errichten ließen. Hier beginnt die Il-Mina Street, an der der **Inquisitorenpalast** liegt. In dem alten Gebäude walteten über 200 Jahre lang vom Papst ernannte Inquisitoren ihres Amtes. Ihre Aufgabe war es auch, abtrünnige Ritter zur Raison zu bringen. Nach wenigen Metern steht man auf dem Hauptplatz, dem Ir-Rebha Square, wo links neben der Brazil Bar die **H. Tabone Street** abzweigt. Die schmale Gasse entzückt mit typischen Holzbalkonen. Hier haben eine Reihe von Herbergen, die den verschiedenen Landsmannschaften als Unterkünfte dienten, die Zeit überdauert.

Ein Abstecher in die Il-Majjistral Street führt zur **Auberge d'Angleterre,** wo die englischen Ritter wohnten. Heute ist in der einzigen öffentlich zugänglichen Ritterherberge eine Bibliothek untergebracht.

Hält man sich am Ende der H. Tabone Street links, steht man bald auf den **Bastionen,** die Birgu (Vittoriosa) auf der Seite zum Kalkara Creek hin schützten. Entlang der Mauer sind auf Schildern die Stellen vermerkt, die die einzelnen Landsmannschaften des Ordens zu verteidigen hatten. Geht man über die Skolastika Street zurück ins Zentrum, kommt man an einem Benediktinerinnen-Kloster vorbei, in dem einst das erste **Krankenhaus** des Ordens untergebracht war.

Zurück am Hauptplatz sind es nur wenige Schritte zur **San Lawrenz-Kirche,** der ersten Konventskirche der Johanniter. An den marmorverkleideten Pfeilern im Innern entdeckt man immer wieder das Johanniterkreuz, dessen acht Spitzen die acht Landsmannschaften des Ordens symbolisieren.

Beim Bummel über den Kai der **Vittoriosa Wharf** sieht man weitere Gebäude aus der Ordenszeit und genießt einen herrlichen Blick auf den Grand Harbour, Valletta und das gegenüberliegende Senglea (L'Isla). Auf der Spitze der Halbinsel liegt **Fort St. Angelo** (Führungen Sa 10–14 Uhr, aber auch an den übrigen Tagen meist zugänglich), das bei der Großen Belagerung Hauptquartier der Ritter war. Von hier verteidigten sie sich gegen die osmanische Übermacht, die das Fort St. Elmo an der Spitze des heutigen Valletta eingenommen hatte.

Valletta

Am **Main Gate,** dem Busterminal von Valletta, beginnt der zweite Teil der Tour. Vor dem City Gate erstreckt sich ein eindrucksvoller Graben, der **Great Ditch,** den die Ritter von Sklaven aus dem Fels meißeln ließen, um Marsamxett und Grand Harbour miteinander zu verbinden. Die quirlige Republic Street führt geradewegs zum **Großmeisterpalast** (s. S. 82). In dem imposanten Gebäude mit begrünten Innenhöfen residierten früher die Großmeister des Ordens – heute tut es Maltas Präsident.

Ein kurzer Abstecher führt über die Old Theatre Street zum entzückenden **Manoel Theatre** (s. S. 82), das Großmeister Manoel de Vilhena für die »rechtschaffene Unterhaltung des Volkes« spendiert hat. Das Café im Innenhof ist der ideale Ort für eine Verschnaufpause abseits des Trubels.

Am nordöstlichen Ende der Republic Street liegt das mächtige **Fort St. Elmo** (s. S. 82), das während der Großen Belagerung von 1565 den osmanischen Truppen trotz zäher Verteidigung durch die Ritter in die Hände fiel. Am St. Elmo Place beginnt die Mediterranean Street, an der die **Sacra Infermeria** (s. S. 83) liegt. Wegen seines hohen hygienischen Standards war dieses Krankenhaus weit über Malta hinaus bekannt.

Über die St. Paul's Street schlendert man zurück zur St. John's Street, wo die **St. John's Co-Cathedral** (s. S. 80) aufragt. Sie gehört zu den beeindruckendsten Kirchenbauten Europas, was man angesichts des schlichten Äußeren zunächst nicht glauben mag. Innen jedoch entfaltet sie ihre ganze Pracht. Kein Großmeister ließ sich lumpen, wenn es darum ging, die Konventskirche prachtvoll auszustaffieren.

Von der Kathedrale ist es nicht mehr weit zu den **Upper Barracca Gardens.** Von dem ehemaligen Exerzierplatz der italienischen Landsmannschaft genießt man einen fantastischen Blick über den Grand Harbour und die ›Three Cities‹ (s. S. 43). In unmittelbarer Nähe liegt die **Auberge de Castile** mit einer beeindruckenden Barockfassade und einer eleganten Freitreppe – die schönste aller erhaltenen Ritterherbergen. Heute residiert hier der maltesische Premierminister. Über die South Street sind bald wieder die Republic Street und das City Gate erreicht.

Tour-Info

Dauer: Wenn man sich einen ganzen Tag Zeit nimmt, bleibt auch Zeit für die eine oder andere Entdeckung am ›Wegesrand‹ – denn gerade die Seitenstraßen Birgus und Vallettas bieten abseits des Trubels viele Einblicke in das Alltagsleben ihrer Bewohner.
Wichtig: Im Sommer sollte man die verkürzten Öffnungszeiten beachten und das Programm entsprechend gestalten: Der Großmeisterpalast schließt im Sommer um 13 Uhr, die Mittagspause sollte erst danach erfolgen. Wer in Valletta noch Shoppen möchte, kann das am späten Nachmittag tun.

Tour 3

Ausflugsboot mit Kurs auf die kleinste Insel des maltesischen Archipels: Comino

Wo der Kümmel wuchs

Die Pirateninsel Comino

Das nur 2,7 km² große Comino (F/G4, s. S. 49), auf halbem Weg zwischen Malta und Gozo gelegen, war lange Zeit ein Seeräubernest – kein Wunder, bot es doch mit seinen Buchten und Höhlen hervorragende Verstecke. Überhaupt blickt Comino auf eine bewegte Geschichte zurück: Seit der Bronzezeit war es immer wieder vorübergehend besiedelt. Vor allem im Mittelalter wurde auf der Insel Kümmel angebaut, auf den auch ihr Name zurückgeht (Kümmel: ital. *comino).* Erst als der Bau eines Wachturms unter Großmeister Alof de Wignacourt der ertragreichen Piraterie ein Ende bereitete, ließen sich Fischer und Bauern hier dauerhaft nieder. Die Insel fungierte aber auch als Quarantänestation und später als Verbannungsort für Verbrecher und Kriegsgefangene. In den 40er Jahren des 20. Jh. löste sich die kleine Inselgemeinde auf. Heute leben nur noch drei Menschen ganzjährig auf Comino. Zwischen März und November ›bevölkern‹ außerdem die Gäste des Comino-Hotels das Eiland.

Blaue Lagune

Erstes und für viele auch einziges Anlaufziel auf Comino ist die **Blaue Lagune.** Schon von weitem strahlt einem das türkisblaue, glasklare Wasser zwischen Comino und dem vorgelagerten Felsen **Cominotto** entgegen. Die meisten springen vom Boot aus in das kühle Nass, der Strand ist nur Handtuchgroß. Oder man nimmt mit den Felsen- bzw. Betonplateaus vorlieb.

Crystal Lagoon

Ein Weg führt von der Bucht über die Anhöhe in Richtung Wachturm. Bald bietet sich ein wunderbarer Ausblick auf die Crystal Lagoon, die geschützt zwischen steil abfallenden Klippen liegt – es waren solche Naturhäfen, von denen aus die Piraten ihre Überfälle auf die zwischen Malta und Gozo verkehrenden Schiffe unternahmen.

Oberhalb der Crystal Lagoon steht der wuchtige **Johanniter-Wachturm,** zu dem eine steile Treppe hinaufführt. Er ist inzwischen im Besitz der maltesischen Armee, die hier Ausschau nach Schmugglern und illegalen Fischerbooten hält. Er kann zwar nicht von Innen besichtigt werden, aber ein Rundgang um den geländerlosen Mauersockel bietet herrliche Ausblicke in alle Himmelsrichtungen.

Quarantänestation

In der Nähe des Turmes erblickt man die ehemalige **Quarantänestation.** Ein

Teil der Gebäude wird von den drei Dauersiedlern der Insel bewohnt. An der Quarantänestation zweigt ein breiter Weg nach rechts ab, der zur **Schweinefarm** führt. Als Ende der 1970er Jahre auf Malta und Gozo die Schweinepest ausbrach, begann man hier mit der Aufzucht eines gesunden Bestandes. Es gibt Pläne, die Anlage wieder in Betrieb zu nehmen. Links an der Schweinefarm vorbei führt ein Weg den Abhang hoch, der an der Santa Marija Bay endet. Auf einer Anhöhe in der Inselmitte erblickt man ein ummauertes Areal – auf diesem Friedhof waren einst Soldaten aus dem Zweiten Weltkrieg bestattet, die aber wieder in die Heimatländer verlegt wurden.

Santa Marija Bay

Die von Tamarisken umstandene Santa Marija Bay besitzt einen kleinen Sandstrand und lädt zu einem erfrischenden Bad ein, auch wenn das Wasser nicht ganz so strahlend blau ist wie in der berühmten Lagune. Östlich der Bucht steigt das Gelände leicht an. Bald verliert sich der Pfad in einem Terrain aus scharfkantigem, von Wind und Wetter modelliertem Korallenkalk.

Abenteuerlustige suchen sich ihren Weg zum Klippenrand und werden bald mit einem fantastischen Ausblick auf die Steilküste belohnt. Besonders an windigen Tagen tost die Brandung gegen die Felsen und schwappt gurgelnd und schmatzend in die Höhlen. Man kann sich gut vorstellen, dass sich hier einst Piraten mit ihren wendigen Booten versteckten und fetter Beute auflauerten …

Zurück an der Bucht trifft man auf eine kleine **Polizeistation.** Zwei gozitanische Polizisten schieben hier geruhsam Wache. Mit der Bekämpfung von Verkehrsdelikten und Verbrechen verständlicherweise nicht ausgelastet, widmen sie sich auch meteorologischen Aufgaben: Sie messen die Niederschläge auf der Insel.

Folgt man dem breiten Sandweg landeinwärts, so stößt man auf eine kleine, strahlend weiß gestrichene **Kirche.** Jedes Wochenende kommt der Pfarrer aus Gozo herübergeschippert, um die Messe zu lesen. Bald zweigt rechts ein breiter Weg ab, der zurück zur Blauen Lagune führt.

Tour-Info

Anfahrt/Dauer: s. S. 50. Viele Touranbieter haben eine Fahrt zur Insel im Programm – in der Regel wird aber nur die Blaue Lagune angesteuert. Zeit ist dann nur zum Baden, nicht zum Wandern. Möchte man die Insel zu Fuß umrunden, sollte man 2 Std. einplanen. Feste Wanderschuhe sind unabdingbar.

Zeit: Die beste Zeit, um Comino zu besuchen, sind Frühling und Herbst. Auch wenn es zum Baden dann noch zu kalt ist, verzaubert die Insel zwischen März und Mai mit ihrer Pflanzenvielfalt. Im Herbst ist die Insel zwar kahl, aber man kann herrlich baden. Außer an Wochenenden ist dann in der Blauen Lagune auch wieder Platz zum Schwimmen.

Achtung: Abgesehen von zwei Snackbuden an der Blauen Lagune gibt es keine Restaurants oder Bars; noch rarer ist Schatten. Möchte man das Tagesangebot des Comino-Hotels (s. S. 50x) nicht in Anspruch nehmen, ist die Mitnahme von genügend Wasser und einem Sonnenhut ein Muss!

Felder bei den Dingli Cliffs

Tour 4

Auf Schusters Rappen

Wanderung zu den Klippen bei Dingli

Felder und Wiesen, ein kleines Dorf, Bauernhäuser, Windräder, die sich leise knarrend drehen, und imposante Ausblicke – all das bietet diese Wanderung, auf der man das ländliche Malta abseits der Touristenzentren kennen lernt.

Von Rabat nach Dingli

Ausgangspunkt ist der Ghajn Qajjied-Kreisel in **Rabat** (H9; s. S. 66), wo man zunächst der Straße in Richtung Fiddien folgt. Nach einer Weile zweigt zwischen hohen Steinmauern links eine kleine Straße zum Weiler **Tas Salvatur** (H9) ab, den man auf einem am ersten Haus links abzweigenden Sträßchen umwandert. Bald biegt man rechts ab und folgt der Straße, die in ein fruchtbares Tal hinunterführt.

Man wählt den ersten Weg links. Nach einigen Metern zweigt zur Linken ein weiterer Feldweg ab, der in der Talsohle auf das Dorf Dingli zuläuft. In der Ferne erkennt man schon die silbern glänzende Kuppel der Dorfkirche. Der Weg wird zu beiden Seiten von den für Malta typischen Steinmauern begrenzt. Überall sieht man Windräder, mit deren Hilfe die Felder bewässert werden. Das Dingli-Plateau gehört zu den wasserreichsten Gebieten der Insel, dank der wasserspeichernden Tonschichten, die sich direkt unter der Erdoberfläche befinden. Daher kann die Gegend landwirtschaftlich intensiv genutzt werden. Feigen- und Eukalyptusbäume sowie Opuntienhecken säumen den Weg. Besonders im Frühling entfaltet sich hier eine herrliche Blütenpracht, im Herbst kann man von den reifen Feigen und den Früchten der Opuntien (vorsichtig schälen, sie haben ganz feine Stacheln!) naschen.

Nach einiger Zeit verbreitert sich der Weg und stößt kurze Zeit später auf eine Straße. Man zweigt nach rechts ab und biegt bald darauf links in einen sandigen Karrenweg ein, der sich durch Felder schlängelt. Das Dorf **Dingli** (G/H10) rückt immer näher. Wenig später führt der Weg nach rechts zwischen Obstbäumen den Hang hinauf, man passiert ein Häuschen, auf dem ›Dingli‹ aufgepinselt ist. Kurz nachdem man einen alten Ziehbrunnen hinter sich gelassen hat, steht man vor den ersten Häusern des Ortes: Man wendet sich nach links und geht auf die Kirche zu.

Auf der Hauptstraße weist nun ein Schild mit der Aufschrift ›Dingli Cliffs‹ den Weg. Am Friedhof **Mater Dolorosa** rechts vorbei führt die Straße in Richtung Klippenrand. An einem militärisch aussehenden Gebäude biegt man nach rechts ab und folgt nun der Straße, die hoch über dem Meer an den Dingli-Klippen entlangführt.

Die Dingli Cliffs

Benannt wurden Klippen und Dorf nach Thomas Dingli, einem englischen Ritter, der sich hier im 16. Jh. niederließ. Dort, wo die Klippen terrassenförmig zurücktreten, erlauben wiederum wasserspeichernde Tonschichten ihre landwirtschaftliche Nutzung. Ein herrlicher Kontrast: hier Klippen und Felder, dort das offene blaue Meer. Erholsam ist vor allem auch die Stille, die auf der quirligen Insel eher selten ist. Rechter Hand passiert man das Restaurant Bobbyland, von dessen Terrasse man eine wundervolle Aussicht genießt.

Der nächste Orientierungspunkt ist die Sommervilla **Rdum Depiro,** die links des Weges hoch über den Klippen liegt. Nach weiteren zehn Minuten geht die geteerte Straße in einen steil abfallenden, steinigen Feldweg über. Rechts erblickt man einen ins Landesinnere führenden Weg, den man einschlägt.

Zurück nach Mdina

Nach kurzer Zeit zweigt links ein weiterer Weg ab, der einen weiten Bogen beschreibt und an einem kleinen, kubischen Häuschen vorbeiführt. Einige Schritte, und man steht auf einer schmalen Straße, die am Rand eines weiten Tales entlangläuft. Zwischen den Gebäuden eines Gehöfts (Vorsicht: Wachhunde!) führt ein geteerter Weg hinunter ins Tal. In den Felswänden zur Linken entdeckt man Höhlen, die lange Zeit als Behausung dienten. Heute werden sie mitunter von Ziegenhirten als Unterstand genutzt.

Man durchquert das Tal, in dem sich Feld an Feld reiht, und folgt dem Weg, der auf der anderen Seite aus dem Tal herausführt – etwa 100 m geht es steil bergauf. Doch die Mühe lohnt sich: Oben angekommen, bietet sich zwischen zwei Häusern ein wundervoller Blick über das Tal bis hinaus aufs Meer. Man folgt dem geteerten Sträßchen, das nun durch weite Felder führt. In der Ferne tauchen die Türme der St. Peter und Paul-Kathedrale von Mdina auf. Nach ca. 45 Min. (von den zwei Häusern an gerechnet) erreicht man die Stelle, wo man auf dem Hinweg in Richtung Dingli links abgebogen ist. Auf demselben Weg, den man gekommen ist, kehrt man über Tas Salvatur nach Rabat zurück.

Tour-Info

Strecke/Dauer: Wenig befahrene Straßen bzw. Feldwege, man sollte ca. 4 Std. einplanen. Eine Ausschilderung gibt es nicht. Feste Schuhe, Sonnenschutz und ausreichend Wasser mitnehmen.
Zeit: Die schönste Jahreszeit ist der Frühling, im Herbst kann es aber immer noch sehr heiß sein, dann wandert man besser in den Morgenstunden.
Einkehren: Ausreichend Verpflegung mitnehmen, mittags oder abends kann man im Restaurant Bobbyland (Tel. 21 45 28 95) einkehren.
Sicherheitshinweis: Die Wachhunde der Bauernhöfe sind meist angeleint, dennoch ist es ratsam, sich Gehöften vorsichtig zu nähern. Die oft auf Mauern aufgepinselten Buchstaben ›RTO‹ bedeuten ›Reserved to Owner‹ und kennzeichnen Privatgelände, das nicht betreten werden darf. Schwindelfreiheit ist nicht erforderlich.

Tour 5

Mgarrs neugotische Kirche Our Lady of Lourdes

Wo die Uhren langsamer gehen

Eine Tagestour zur Nachbarinsel Gozo

Nicht große Sehenswürdigkeiten sind es, die Gozo so attraktiv machen, sondern der ganz eigene Charakter, den sich Maltas Schwesterinsel bis heute bewahrt hat. Wie auch immer man sich auf der Insel fortbewegt – ob mit dem Mietwagen, dem öffentlichen Bus oder mit dem Mountainbike –, genügend Muße sollte man sich gönnen: für eine Pause auf dem Dorfplatz, für ein Schwätzchen im Tante-Emma-Laden, für einen Cappuccino in der Eckkneipe … gerade dann erschließt sich die Alltagswelt der Insulaner.

Mgarr

Nach der Ankunft in **Mgarr** (E3; s. S. 94) erblickt man schon von weitem hoch über dem Ort das mächtige Fort Chambray. Pläne, das Bauwerk einer neuen Nutzung zuzuführen, gehen nur schleppend voran. Rechts vom Fort thront die kleine neugotische **Kirche Our Lady of Lourdes,** deren Vollendung erst durch den Lottogewinn des Pfarrers möglich wurde. Der Name Mgarr kommt aus dem Arabischen und bedeutet ›geschützter Hafen‹ – heute suchen bunte Fischerboote und schicke Segelyachten Schutz hinter der Mole, an der die großen Fährschiffe anlegen.

An der Straße in Richtung Rabat (Victoria) liegt **Ghajnsielem** (D/E3), dessen Pfarrkirche durch die kuriose Kombination eines neugotischen Turmes mit einer barocken Kuppel auffällt. In den Gassen des Dorfes gibt der Fassaden- oder Fahnenschmuck der Häuser ein Stück Familiengeschichte preis: hier ein »Gott segne Amerika«, dort ein australisches Känguru oder ein kanadisches Ahornblatt im Wappen. Des Rätsels Lösung: Lange Zeit konnten viele Gozitaner nur durch Auswanderung nach Übersee eine gesicherte Existenz erreichen – ein Teil der Emigranten ist inzwischen heimgekehrt.

Von Ghajnsielem führt eine Straße nach **Nadur** (E3). Das Dorf ist umgeben von fruchtbaren Feldern und Obstgärten. Nach wie vor lebt die Mehrzahl der Einwohner von der Landwirtschaft. Die mühsam erarbeiteten Erträge reichen sogar, um Malta mit Obst und Gemüse zu beliefern. Als man die Pfarrkirche errichten wollte, kam es zum Streit zwischen Pfarrer und Dorfbewohnern über den geeigneten Standort. Das Problem wurde schließlich von einem Bauern gelöst, der seinen Eselskarren mit schweren Steinen belud. Betend folgte er seinem Tier, das am höchsten Punkt des Ortes stehen blieb und sich nicht mehr von der Stelle rührte – voilà, der Bauplatz war gefunden.

Setzt man die Fahrt nach Xaghra fort, lohnt sich der kleine Umweg über die **Ramla Bay** (D/E2; s. S. 101), der durch eine fruchtbare Terrassenlandschaft führt. An dem herrlichen Sandstrand kann man während der Sommer- und Herbstmonate wunderbar baden.

Xaghra

Wie die meisten gozitanischen Dörfer liegt **Xaghra** (D2; s. S. 101) auf einem Tafelberg. Vom Zauber längst vergangener Tage erzählen gleich zwei Sehenswürdigkeiten: die Ta'Kola-Windmühle, eine der wenigen vollständig erhaltenen Windmühlen auf den Inseln, und ein kleines Spielzeugmuseum. Schräg gegenüber vom kleinen Museum bietet eine Bäckerei köstliche Backwaren an.

Die Kirche von Xaghra ist zweifellos Gozos prachtvollstes Gotteshaus, ein originelles überdies: Damit der Teufel zu spät zur Messe kommt, hat man die Uhr auf dem linken Kirchturm nur aufgemalt! Der Platz vor der Kirche ist das Herz des Dorfes. Eine einfache, aber sehr authentische Kneipe bei der Tankstelle – Domäne der Männer – lädt zum Verweilen und Beobachten ein. Einfache Restaurants sorgen für das leibliche Wohl (s. S. 102).

Gharb

Über Rabat (Victoria) geht die Fahrt weiter gen Westen zu dem Dörfchen **Gharb** (B2; s. S. 90), dessen Name im Maltesischen ›Westen‹ bedeutet. Die Pfarrkirche an der Stirnseite des Platzes mit ihrer konkaven Fassade ist ein Kleinod der Barockbaukunst. Auf keinen Fall versäumen darf man das kleine **Folklore-Museum** (s. S. 91) in der Nähe der Polizeistation. In einem wunderschönen Haus aus dem 18. Jh. wird eine liebevoll zusammengetragene Sammlung präsentiert, die alte Inseltraditionen lebendig veranschaulicht.

Ganz in der Nähe von Gharb befindet sich inmitten einer herrlichen Landschaft das Kirchlein **San Dimitri,** das man zu Fuß über den Weiler Birbuba erreicht. Der Legende nach soll hier eine Mutter den hl. Dimitri angefleht haben, ihren Sohn zu beschützen, nachdem Piraten die Insel überfallen und den Sohn in die Sklaverei verschleppt hatten. Daraufhin löste er sich aus dem Altarbild, nahm die Verfolgung über das Meer auf und befreite den Jungen aus den Fängen der Bösewichte …

Tour-Info

Dauer: Als Tagesausflug möglich.
Verkehrsmittel: Da die Busverbindungen nicht so gut sind, braucht man ein Mietfahrzeug, bei guter Kondition ist die Strecke aber auch mit dem Fahrrad zu bewältigen. Wer auf Gozo mehrere Tage verbringt, kann die Orte mit dem Bus anfahren, zu Zielen außerhalb kann man gut wandern.
Anfahrt: Die Auto-Fähre von Cirkewwa verkehrt im 3/4- bis 1/2-Stunden-Takt und braucht für eine Fahrt 30 Min.
Baden: Die schönsten Badeplätze sind die Ramla Bay und der Inland Sea bei Dwejra.
Einkehren: In allen kleinen Orten gibt es mindestens eine Bar, wo in einfachem Rahmen in der Regel typische Hausmannskost aufgetischt wird. In der Regel sind die Lokale 12–14 und 18–21 Uhr geöffnet.

Register

Titel: Die typisch bunt bemalten Boote im Hafen von Marsaxlokk
Vignette: Kalypso-Statue bei Calypso's Cave
S. 6/7: Festa der Gemeinde Our Lady of All Graces in Zabbar
S. 40/41: Restaurants in der Spinola Bay von San Giljan
S. 106/107: Eingang der großen Rotonda von Mosta

Fotonachweis
Rafaele Celentano/laif (Köln): S. 1, 9, 24, 40/41, 78, 110
Rainer Hackenberg (Köln): S. 2, 6/7, 8, 14, 18, 28, 51, 56, 59, 62, 74, 84, 89, 90, 92, 100, 102/103, 106/107, 108, 112, Umschlagrückseite
Dieter Klein /laif (Köln): S. 106/107
Hans E. Latzke (Bielefeld): S. 3, 116
Katja Müller (Köln): S. 12, 22, 45, 98/99, 105, 114
Ernst Wrba (Sulzbach): Titelabb.

Kartografie: © DuMont Reiseverlag, Köln

Grafisches Konzept: Groschwitz, Hamburg
Druck: Rasch, Bramsche
Buchbinderische Verarbeitung: Bramscher Buchbinder Betriebe

ISBN 3–7701–6458–X